JN012882

70歳からの人生を豊かにする

マインド・リセット

心が老いない生き方

精神科医
和田秀樹

高橋書店

プロローグ

なぜマインド・リセットが必要なのか

「今我慢すれば、将来楽になる」は過去の戒め

60歳を過ぎると大きな強みが生まれます。

それは、**「もう我慢しなくていい」年代になった**ことです。

「いつかは楽になる」「この苦労も将来のため」と信じて頑張ってきて、ようやくその時を迎えたのです。だから**大威張りで楽をしていいし、楽をすべき**なのです。

けれども心の中に、「楽をしてはいけない」とか「自分を甘やかすのはよくない」という今までの考え方が染みついている限り、いつまで経っても楽にはなれません。

これまでの人生で染みついた見栄やプライド、上下関係へのこだわり、世間体や役割に対する執着が残っているうちは楽になることはできません。

そこで必要になってくるのが、**60代でのマインド・リセット**です。

心の奥底に残っている「楽をしてはいけない」を「楽をしよう」に置き換えましょう。

楽になると孤独感も消えていく

「楽をする」というと「怠ける」とか「手を抜く」と思われがちで、真面目な性格の人は抵抗を感じるかもしれませんが、そうではありません。

「楽をする」とは「楽に生きる」ということです。好きなことや、やってみたかったことに熱中していいし、気が済むまでやり尽くしていいのです。

その代わり、嫌なこと、我慢しなければいけないことは迷わず切り捨てましょう。

すると気持ちも身体もうんと楽になり、生き方もどんどん自由になっていきます。

70歳を過ぎたらもう、自分を束縛するものからどんどん抜け出して、自由に生きていい。

それが老いの幸せだと私は思っています。あなたが幸せになるためにもマインド・リセットが必要なのです。

この本では、日常生活の中で、今すぐ取り組める小さなマインド・リセットをいくつも紹介しています。一つ実行するたびに、「ああ楽になった」「これでいいんだ」という実感と、満足感が湧いてくるはずです。

「我慢しなくちゃ」という気持ちを一人で背負いこんでしまうと、「なぜ私ばかり」というマイナスの感情が生じます。

でも我慢をやめて楽になると気持ちに余裕が生まれて、**周囲の人とも柔らかく接するこ**

とができるようになります。

さらにいうと、**「楽になる」と一人ぼっちが気にならなくなります。**多くの高齢者が恐れる孤独感が消えていくのです。「楽になる」ことの素晴らしさに、きっと気が付いていただけるはずです。

「楽しむ」ことで老化を追い払う

ご存じのように男性は男性ホルモン（テストステロン）、女性は女性ホルモン（エストロゲン）が優勢で、その比率はおよそ3対1とされています。しかし最近、女性は更年期以降、テストステロンの分泌が増えることが分かってきました。テストステロンは意欲や好奇心を刺激してチャレンジ精神を高めるホルモンとされています。

60歳を過ぎる頃から男性は定年でしょぼくれてくるのに、逆に女性は活動的になり、さまざまなサークル活動に参加したり地域のコミュニティで活躍したりするようになります。これも、ホルモン分泌の変化を考えれば納得できます。

つまり女性は更年期を過ぎる頃から、テストステロンの作用で心と身体の元気スイッチが入って、アクティブでたくましくなります。「さあ、今まで我慢してきた分を取り返さなくちゃ」と意欲的になるのでしょう。

そしてもう一つ。溌剌《はつらつ》と快活に暮らすことで、脳の中で性ホルモンが合成されることも分かってきました。高揚感が脳を刺激するからです。憧れやときめきを失わない人がいくつになっても若々しいというのには、ちゃんとした科学的な理由があるのです。

男も女も、**今より自由に生きて人生を楽しむことで老化を追い払うことができる**のです。

やっと「自由になれた」ことに気が付いてください

ところがこのマインド・リセットを邪魔するものがあります。それは、「高齢者はおとなしく暮らさなくちゃ」とか「手を抜いてはいけない」といった思い込みです。

そういう**心のブレーキが働いている限り、マインド・リセットはうまくいきません。**

より自由な人生を楽しむために身体の元気スイッチが入っても、心がブレーキをかけてしまえば身体の元気はたちまち失われてしまいます。

マインド・リセットは、「もっと人生を楽しみたい」という願望を叶えるための大切なステップです。今まで「できない」「我慢しなくちゃ」と抑えてきたことを、「やってみるか」「我慢なんかしないぞ」とリセットすることで、身体の元気も取り戻せるからです。

仮にあなたが今70歳だとすれば、あと20年は自分の人生を存分に楽しんでいいし、まだまだ、それができる年齢だということです。

やっと、自分のために生きられる年齢になれたのです。この本を参考に、ぜひマインド・リセット、つまり心の切り替えスイッチを押してください。

70歳からの人生を豊かにする　マインド・リセット　もくじ

プロローグ　なぜ、マインド・リセットが必要なのか　2

第1章　「こんなお年寄りになりたい」と思わせる歳のとりかた

01　幸せなお年寄りの周りに人が集まる　10

02　失敗続きの人生でも愛される　14

03　70代の思い出ならこれからつくれます　18

04　好奇心と憧れを持ち続けよう　22

05　意欲と好奇心を育む脳がある　26

第2章　変化と刺激があなたを若返らせる

01　「いろんなことが億劫《おっくう》」を歳のせいにしない　30

02　40代から訪れる前頭葉の危機　36

03 心動く誘いにはためらわずに乗ってみる 40
04 わずらわしい人間関係から抜け出そう 44
05 話の面白い人と一緒にいると若返る 48
06 自由で楽しい人間関係のポイント 52
07 自分は一人じゃないと気付けば幸福感が生まれる 56

第3章 何でも面白がって試してみよう

01 定年退職してから天職に出合う 60
02 「へそ曲がり」を楽しんでみる 64
03 60代の男でも気が付けば嬉しい「もうすぐ春」 68
04 日常習慣をちょっとずらしてみよう 72
05 老いたら失敗することにも慣れましょう 76
06 「似合わない」ではなく「違う自分に出会えた」 80
07 答えは一つだけではない 84
08 「いつか」「そのうち」が「いま」だと気付きましょう 88

ファッションを変えたら
どこかに行きたくなるわね

第4章

居心地のいい場所をつくろう

01 やりたいことを暮らしの真ん中に置く 94

02 妻も夫も居心地のいい自宅にしよう 98

03 「昼ご飯はそれぞれで！」で夫婦にっこり 102

04 「ちょっと出てくる」「いってらっしゃい」 106

05 「歳をとるのも悪くない」と気が付くとき 110

06 楽しい体験が70代の若々しさをつくる 114

07 あなたも仲間もみんな老いていく 118

08 「頑張らなくっちゃ」もやめる、できたことを喜ぶ 122

おわりに 126

編集協力／やませみ工房

四コマ漫画／まるいがんも（コルク）

本文デザイン・ＤＴＰ／亀井文（北路社）

校正／菅原祥子

第1章

「こんなお年寄りになりたい」と思わせる歳のとり方

01

幸せなお年寄りの周りに人が集まる

私は20代の頃から、高齢者専門の医療施設で医師として働いてきました。

もう40年近く、お年寄りと身近に接してきたことになります。

そしていつも考えさせられるのは**「お年寄りの幸せって何だろう」**ということです。


社会的に成功した人が、高齢になっても幸せとは限りません。

出世して高いポストまで上り詰め、経済的にも恵まれている人でも、施設ではいつも不機嫌そうに押し黙っていることがありました。

ご家族がたまに訪ねてこられても、用事を済ませるとすぐに帰ってしまいます。


その一方で、本人曰《いわ》く「平凡な人生」を送ってきたのに、周囲にはいつも人が集まり、おしゃべりや笑い声が絶えない人もいました。

週末になると友人やお孫さんが訪ねてきて、談笑している姿をよく見かけます。

「一体この違いはどこから来るんだろう？」と考えて気付いたのが、**周りに人が集まるお年寄りはいつも幸せそうな顔をしている**ということでした。

人が集まるから幸せそうな顔になるのではありません。

一人のときも、穏やかな笑みを浮かべています。

「何か、いいことあったの？」と、つい声を掛けたくなるほどです。

過去の成功なんか自慢してもしょうがない

歳をとると、現役を退いた自分が情けなくなったり不甲斐なく感じたりして、過去の成功を懐かしむ人がいます

心の中にはいつも「こう見えても私は」とか「私を誰だと思っているんだ」という不満がくすぶり、どうしても不機嫌な雰囲気になります。

その人の昔の成功など知らない人には、「気難しそうな人」という印象しか与えません。

そう感じれば、誰も近寄っては来ないし、たまに近寄る人がいても、過去の自慢話ばかり聞かされたらウンザリして離れていきます。

何でも面白がる精神が大事

もう一つ、私が「こんな歳のとり方っていいな」と思うお年寄りのタイプがあります。

それは、**何でも面白がって気軽に挑戦してみるタイプ**です。

カラオケ大会があれば「恥ずかしいけど歌ってみるかな」とマイクを手にします。

絵の教室が開かれると分かれば、「絵具を使うなんて何十年ぶりだろう！」と目を輝かせて参加します。けっして多才というわけでなく、**チャレンジ精神が旺盛**なのです。

こういう人がいると、周りの人も「それじゃ私も」という気になります。

みんなが前向きな気持ちになり、結果としてこの人の周りに人が集まるのです。


結局、私が「こういう歳のとり方っていいな」と思うお年寄りに共通するのは、**本人が幸せそうに見えて、何事にもポジティブな人**ということになります。


仮にあなたが今70歳だとします。

まだまだ年寄り扱いされる年齢ではありませんし、自分でも老け込んだつもりはないでしょう。けれども、老いを意識する年齢には違いありません。

これから先の生活や健康のこと、疎遠になっていく友人関係など、10年20年先のことを考えるとどうしても不安な気持ちになります。

するとつい、「もっとお金を貯《た》めておくんだった」などと後悔ばかりするようになります。

でもそう考えてしまったら、幸せな気持ちにはなれません。

必要なのは後悔ではありません。**今までの価値観を全部ひっくり返して、マインド・リセットすること**です。

02 失敗続きの人生でも愛される

高齢者施設に、こんなおじいさんがいました。

若い頃から、いろいろな商売に手を出しては失敗ばかり。

浮気も繰り返して、奥さんや子どもたちから愛想を尽かされたそうです。

ところが、施設に入所しているほかの利用者さんや職員から絶大な人気があるのです。

彼は他愛のないいたずらもするけれど、どこか憎めないのです。

いつも機嫌が良く、若い頃の失敗を楽しそうに話してくれます。

ユーモアに溢れ、しょっちゅう誰かを笑わせています。


このおじいさんが人気者なのは、**今を心底楽しそうに生きている**からです。

若い頃の失敗も楽しい思い出なら、身体が思うように動かないこと、すぐに約束を忘れてしまうことさえも本人は愉快そうです。

リハビリが嫌いで、いつも若い男性トレーナーから逃げ回っていますが「逃げるのが私のリハビリ」と真顔で言い訳するので、みんなつい笑ってしまいます。

うまくできなくても面白いからやってみる

もう一人、もうすぐ90歳になる人気者のおばあさんの話をしましょう。

この方はずっと小学校の先生をしてきて、几帳面な性格です。

でも堅苦しさは全くありません。

このおばあさんの素敵なところは、**声をかけられるとどんなことでも「やってみましょう」と引き受ける**ことでした。

施設のイベントでは、利用者が歌や手品など得意なことを披露するのですが、みなさん恥ずかしがってなかなか引き受けてくれません。

そういうとき、職員がこのおばあさんに声をかけます。

すると彼女は「じゃあ、やってみるけど田中さんも一緒だよ」と条件を出すのです。

指名された田中さんも「あなたが出るんだったら」と引き受け、同じように友だちに声をかけます。「斎藤さんも出ようよ」と。

こうしてたちまち劇団員が揃い、楽しい寸劇が始まります。

人気者のおばあさんは、周囲を巻き込むのが上手です。

それができるのは、このおばあさんが**たとえ失敗しても、自分でそれを面白がっていた**からです。

おばあさんのその姿に「楽しそうだな、私もやってみようかな」とみんなも背中を押されるのです。

歳をとると、どんな失敗もいい思い出になってしまう

若い頃は誰でも、失敗を恐れます。

うまくいかないことがあると、それが自分の評価を落としたり、将来の計画が台無しになったりすると思い込むからです。


でも**歳をとると、自分の評価など気にする必要はありません。**

それに、将来の計画って何でしょう？

こう言ってしまうと身も蓋もありませんが、それが現実です。

体力や運動機能、知力が衰えて、できないことがだんだん増えてくるのは避けられません。今をいかに楽しく、自分の好きなように過ごせるか、**一日一日がどれだけいい思い出に満たされているかが大事**なはずです。

恐れるものがないのですから、やりたいことを何でも試してみればいいのです。失敗しても、思い通りにいかなくても、それで将来の計画が狂うということはないのです。

やりたいことができた！　という楽しい思い出が残れば、それだけで幸せな気持ちになるはずです。

歳をとるということは、チャレンジングになれるということなのです。

03
70代の思い出なら
これからつくれます

私が出会った「幸せなお年寄り」は、みなさん飄々《ひょうひょう》と生きていますが、一つ共通することがあります。

それは、過去にとらわれず、**今の自分のためにいい思い出をつくろうとしている**ことです。

「歳をとったら過去を懐かしむだけ」と思っていませんか？

過去がどんなに素晴らしくても、現在がつまらない毎日なら幸せな気持ちにはなれません。

「お金がかかる」とためらってはいけない

そこで、私から提案です。

70歳を過ぎたら、**どんどんいい思い出をつくっていきましょう。**

やってみたいことはどんどん実行しましょう。

旅行でも、習い事でも、おいしい料理を食べることでも、ファッションでも何でもいいのです。

「贅沢《ぜいたく》かな」とか「この歳じゃ無理かな」と思うようなことでも、自分がやってみたいと思うなら気軽にチャレンジしてみましょう。

そのとき、**「お金がかかる」とためらってはいけません。**

いつ、何が起こるか分からないから節約しなくてはという気持ちは分かりますが、せっかく膨らんだ「やってみたい」という気持ちを節約のために諦めてしまったら幸せな気持ちにはなれません。

結局、何を思いついても、何を計画しても、諦めるしかなくなるからです。

お金の心配にはキリがありません。

少しでも今後のためにお金を残そうと思えば、それこそ何をするにも「無駄遣いはできない」と考えるようになってしまいます。

家に閉じこもって他人との付き合いも避け、孤独感と向き合いながら暮らすしかなくなります。

けっして幸せそうな顔にはなれません。

お金を使って思い出を貯《た》めよう

「お金はあった方が安心」と思うかもしれません。確かにそうでしょう。でも、貯《た》めること、遺すことだけ考えて暮らすのが果たして幸せかどうか、私には疑問です。むしろ不幸な歳のとり方しかできないと思っています。

なぜなら、**いい思い出が一つも残らない**からです。

貯蓄に励み、高級な施設に入って過ごす何の不自由もない日々は果たして幸せでしょうか。思い出すのはただ切り詰めて、やりたいことも我慢してきただけの毎日です。付き合いを避けて過ごせば、親しい友人もできません。

子どもたちだって、そんな親に愛着は感じません。

そんな自分に近づいてくる他人がいれば、「きっと金目当てだな」と警戒してしまうでしょう。

ものすごく寂しい人生のような気がします。

虚しい晩年にならないためにも、**自分のお金はやりたいことにどんどん使いましょう。**

これはけっして浪費ではありません。

なぜなら、**やってみたいことを実現できるたびに、いい思い出が一つずつ増えていく**からです。

やってみたいことを実現することで、思い出もどんどん増えていきます。

お金を使っていい思い出を貯《た》める人が、幸せな歳のとり方をしていくというのが私の実感です。

04

好奇心と憧れを持ち続けよう

これはみなさんも感じることだと思いますが、「こんなお年寄りになりたい」と思わせる高齢者は、**いくつになっても子どものような好奇心や、憧れの世界を持ち続けています。**

例えば誰かが旅行の話をすると、「いいねえ、僕も行ってみたい」と素直に応じます。するとと「じゃあ、今度一緒に行こう！」と声がかかるかもしれません。

家族ならたちまち計画を立ててくれるでしょう。

一緒に計画していると、それだけで楽しいものです。

逆に「旅行なんて面倒。家にいるのが一番休まる」と水を差すおじいさんだったらどうでしょう。

もうこの人の前で、旅行の話なんかしたくありませんよね。

偏屈で、年寄り臭くて、「あまりいい人生じゃなかったのかな」と感じてしまいます。

子どものような好奇心や憧れは、いくつになっても持ち続けることができます。

80歳を過ぎても90歳を過ぎても、**好奇心と憧れさえ失わなければ、これからの人生にいろいろな計画や目標を持つことができます。**


ましてや60歳、70歳なんて老け込む年齢ではありません。

5年後、10年後を見据えた目標を立て、その実現を本気で目指すことができる年齢です。

自由時間はたっぷりあるし、お金だってもう、今後に備えて必要以上に節約する必要もないのです。

60歳からが学び直しの適齢期

私がかつて大学院で臨床心理学を教えていたときは、60代の学生が熱心に講義を受けていました。

この年代の学生はけっして珍しくありません。

いろいろな分野の勉強を、60歳を過ぎてから始める人が確実に増えています。

臨床心理学を受講していた60代の学生は、定年後、臨床心理士の資格を取って第二の人生を始めるという目標を持っていました。

資格取得に限りません。古代史やギリシア語、環境問題など、興味ある分野を学びたいと、大学や大学院の社会人コースに通う高齢者を大勢見てきました。

あなたも、もし興味を惹《ひ》かれることがあるなら、**「今からでも遅くない」**と気付いてください。

小説を書きたかった、木工が好き、パソコンソフトを使いこなして旅行記を編集してみたい……どんなことでもいいのです。今は教えてくれる教室や集まりがありますし、最近はオンライン講座なども充実しています。

彼らの仲間に加われば、自分よりはるかに若い人と一緒に学ぶこともあるでしょう。同じ分野に興味を持った仲間なのですから、年齢なんか誰も気にしません。**年齢差が気にならない世界というのはとても新鮮**です。何だか自分まで若返ったような気がしてきます。

一つひとつ、知識や技術が身につくたびに喜びがあります。自分が少しずつ進歩している実感は、何物にもかえがたいものです。

まるで青春時代に戻ったかのような気がしてくるのです。

気が付けば、あなたも若者のような気分になっているはずです。

05

意欲と好奇心を育む脳がある

ここまでお読みになれば、もうお気付きでしょう。

「こんなお年寄りになりたい」と思わせるのは、**いくつになっても意欲と好奇心を失っていない人**です。


ここで、大事なことを付け加えましょう。

私たちの意欲や好奇心を生み出すのは、脳の**「前頭葉」**と呼ばれる場所です。

この前頭葉が若々しいか、老化しているかで、幸せな高齢期を迎えられるかどうかが決まってくるともいえます。


前頭葉は脳の中でも比較的衰えが早い部位で、ほとんどの人で40代頃から老化が始まります。

代表的な症状は、中年期特有の倦怠感です。

50歳を過ぎる頃には、いわゆる更年期障害とも重なって前頭葉の老化が加速します。そして、60代以降、多くの人に意欲や好奇心の低下が見られるようになります。

では、前頭葉の老化は避けられないのでしょうか。

そんなことはありません。ここまでに述べてきたように、いくつになっても意欲と好奇心を失わない人はいます。

「今からでも間に合うの？」

もちろん間に合います。脳は使わなければ機能がどんどん低下しますが、**適度に刺激を与えることで活性化する**ことも分かっています。

次章では前頭葉の若々しさを保つための日常習慣について、マインド・リセットしていきましょう。

第2章

変化と刺激が
あなたを若返らせる

01 「いろんなことが億劫《おっくう》」を歳のせいにしない

これといって夢中になれることもなく、やってみたいことも思い浮かばない。毎日が何となく過ぎてしまい「疲れた」が口癖……。

いわゆる〝倦怠感〟ですが、これも「歳のせい」と諦めていませんか。

「若い頃は好奇心旺盛で、いろんなことに挑戦した」「休日に家でゴロゴロしていることなどなかった」

疲れ知らずだった過去の自分を懐かしみ、今の倦怠感はすべて歳のせいにしたくなります。

でも、みなさんと同世代、あるいはもっと年上の世代でもアクティブな人は大勢いますから、年齢だけでは説明がつきません。

そういう人たちと何が違うのか。ずばり、**好奇心**と、**何でも面白がる気持ち**です。

今のあなたは、「どうせつまらない」「私には向いてない」「時間もお金もない」と、はなから及び腰になっていませんか。

「面白そうだな」と気持ちが動いても、すぐに自分で打ち消してしまっていませんか。

アクティブな人は違います。**「面白そう！」「やってみたい！」という気持ちを大事にします。**

彼らはチャンスがあればすぐに「やってみなくちゃ分からない」と考えます。全くその通りです。旅行でも習い事でも、「面白いかどうか」「自分に向いているかどうか」なんてやってみなければ分からないのです。

老いの実感は前頭葉の老化で説明できる

脳について説明すると長くなるので、ここでは前頭葉の働きについて大まかに説明しましょう。

脳は部位ごとに、さまざまな機能や働きを受け持っています。

例えば言語を受け持つ左側頭葉、計算を受け持つ頭頂葉、記憶を受け持つ海馬といった役割分担があります。

前頭葉は簡単に言えば**「脳の司令塔」**です。オーケストラの指揮者のイメージで、前頭葉がそれぞれのパートを調和させながら脳全体の機能を高めていきます。

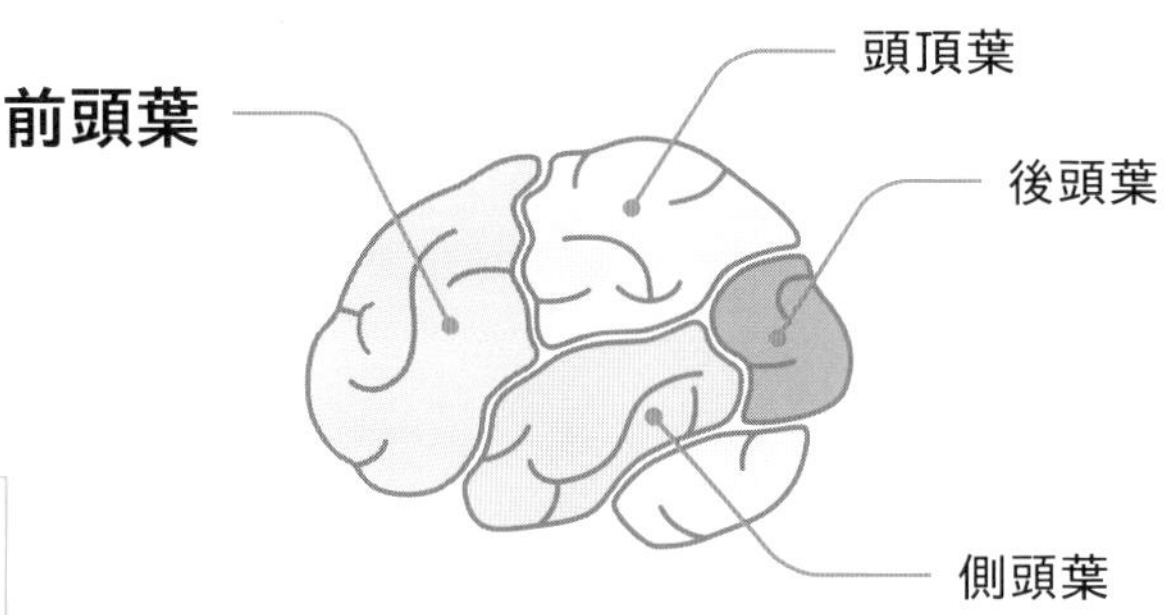

前頭葉の動き

思考、意欲、
自発性（やる気）、
感情などの
コントロール

ところが困ったことに、脳の中でも前頭葉は加齢（老化）に伴う萎縮が目立つ部位で、男女を問わず40代を過ぎる頃から徐々に衰えてきます。

もちろん個人差はあります。しかしまだ**老いを意識するには早い年代から、脳の中でも一番大切な部分の老化が始まっている**のが現実です。

前頭葉が老化するとどうなるか

まず意欲の減退が生じます。いわゆる「やる気」が低下し、何をするにも億劫《おっくう》で、無気力になってきます。

そして、思考や感情が平坦になってきます。同じ発想しかできなくなったり、感情の起伏がなくなり常に沈んだ気分になったりします。

それがうっ積すると、逆に些細《ささい》なことで怒りが爆発したり、うつ状態に陥ったりします。**気持ちのコントロールが難しくなる**ためです。

あなたにも、思い当たることがありませんか。

「些細《ささい》なことで腹が立ったり、落ち込んだりする」「ウキウキすることがない」「何となく孤独感に襲われる」……。

そのたびに「歳のせい」にして受け流してこなかったでしょうか。

前頭葉は変化と挑戦を喜ぶ

「歳のせい」と諦めていたことも、前頭葉の老化が原因と分かれば、話は違います。**身体が元気なうちは、どんどん活動的で若々しい自分を取り戻すことができます。**

なぜなら前頭葉に刺激を与え、その機能を活性化させることは誰にでも可能だからです。

前頭葉は変化によって刺激されます。

いつもと違う環境や行動、初めての経験や未知への挑戦で、前頭葉は奮い立ちます。つまり大いに刺激されるのです。

身近にいる元気なお年寄りを思い出してください。好奇心が旺盛で、初めてのことや未知の世界にどんどん飛び込んでいませんか。

彼らは**「やってみなくちゃ分からないから、やってみる」**と考える人たちのはずです。

やる気が出て溌剌《はつらつ》としてくる

こういうお年寄りは、ポジティブに行動することで自分の世界が広がっていきます。

「分かったつもりでいたけれど、世の中には私の知らない楽しい世界がたくさんあるんだな」と気付けば、気持ちが弾んできます。

「もっといろいろなことに挑戦してみよう」という意欲が湧いてきます。

そして**次々と新しい世界に足を踏み入れるという、プラスのサイクル**が生まれるのです。

前頭葉の老化がもたらすものは意欲の減退と感情の平板化でした。

しかし変化と挑戦が前頭葉を刺激することで、意欲が生まれ、潑剌《はつらつ》とした感情が甦ってくるのです。

前頭葉を刺激する日常習慣の見直しは、いつでも、誰でも、すぐに始められます。

次節ではそのヒントについてお話ししましょう。

この人
85歳!?
すごいな…
ウルトラマラソンにチャレンジ
……
ちょっと
僕も何か
やってみるか

02 40代から訪れる前頭葉の危機

みなさんに思い出してもらいたいことがあります。

「若い頃はあんなにアクティブだったのに」というのは本当でしょうか？

いつもと同じ通勤ルート、いつもと同じランチの店、テレビをつけると何となく見てしまうドラマやバラエティー番組。同じようなデザインの服を買い、書店に行っても同じ作家の本しか買わない……。自分から変化を求めなくなり始めた時期があったのではないでしょうか。

前頭葉の老化は40代から始まります。

ちょうど日常生活がマンネリ化してくる時期ですね。仕事にも慣れ、日々の過ごし方も何となく決まってきます。人間関係や好き嫌いも固定化されて、その枠の中で暮らすのが一番安心で効率的だと思うようになります。

ルーティンに安住しがちな40代から、前頭葉は確実に機能低下を起こしていたのです。

ちょっとしたサプライズでも有効な刺激になる

前頭葉は展開が読めないことや、想定外のことが起こると**血流が増加し、活発に働きます。**

例えば初めて会う人と会話するときは、相手を理解しようと前頭葉がフル活動します。スポーツ観戦なども、先の読めない展開にワクワクしたり、大きな声を出したりするので、前頭葉の刺激にとても有効です。

数百円分だけ宝くじを買うのもいいですね。結果が分かるまで「当たったら何を買おうかな」「どこに旅行しようかな」とあれこれ空想できて、前頭葉のいい刺激になります。

60代でも70代でもサプライズは起こる

前頭葉の老化や、その機能を低下させるような習慣は、年齢を重ねるほどにますます固定化してきます。

食べ物でも、「自分はこういう味付けでないとダメ」と思い込み、食べ慣れないものや、好みに合わないものは最初から受け付けなくなります。

食べ物だけではありません。一事が万事、変化や挑戦がなくなるのです。

初めてのことや未知のことに自分から踏み込むことはなくなり、結果が分かっていて安心できることだけを繰り返すようになります。

これでは前頭葉が刺激されることはありません。意欲が衰え、喜怒哀楽の薄い人間にまっしぐらです。

「こんなお年寄りにはなりたくないな」と思わせる老人に、自分から近づいていくことになります。


若々しくて魅力的なお年寄りは違います。

何事にも意欲的で、朗らかな感情に満たされて幸せそうです。

その人の周りにいつも人が集まり、そこに笑顔の輪が生まれます。


その理由はもう、お分かりですね。

魅力的なお年寄りは、**自分から変化と挑戦を楽しんでいる**のです。

60代でも70代でも、何歳になってもサプライズを楽しんでいる人たちなのです。

歳を重ねても脳や心の若々しさをキープしたいなら、あなたもぜひ**「脱マンネリ」**を心がけてください。

今日は
あっちの道から
行きましょう
えっ？
どうしたん
ですか？
おかあさん
たまには
いつもと
違うことを
しなきゃね
スーパー
ほら
今日だけ
特売
SALE
いいこと
あった

03 心動く誘いにはためらわずに乗ってみる

脳の老化を防ぐには、自分にとって未知の世界、興味はあっても何となく手を出しかねていた世界にどんどん踏み込んでいくのが一番です。

やりたくないことを無理に試す必要はありません。

やってみたいけど今までためらっていたことや、「この歳じゃもう遅いかな」とか「年甲斐もないと笑われるかな」と尻込みしていたようなことに挑戦するのです。

若い頃に大好きだったミュージシャンはどうでしょう。

たとえば矢沢永吉さん、郷ひろみさん、松任谷由実さんなど、私が10代～20代のときに影響を受けた人たちが60代、70代になった今でもライブをやっている雄姿に、勇気づけられることも多いです。

そして、ライブ会場にはこれまた還暦を過ぎたファンが大勢詰めかけて、熱気に包まれています。みなさん若々しいファッションで思いきり歓声を上げています。「年甲斐もない」なんて誰も気にしません。それどころか、「全国ツアーを追いかけることが生きがい」と公言するファンもいます。

あなたはどうでしょうか。

「何かに夢中になりたい」という気持ちはあっても、**年齢を理由に自分でブレーキをかけていませんか。**

ライブでも何でも、行けばきっと「わあ、楽しかった!」と満足するはずです。

「山登りが好きだったけれど、この歳じゃ無理かな」
「演劇に憧れていた時期があったけど、もう夢だな」

そんな気持ちはありませんか。

そんな時に友人から誘われたり、市民サークルの存在を知ったりして、少しでも心が動いたなら、**ためらわずにその気持ちに従ってみましょう。**

思いがけず夢中になれるかもしれないし、もし期待はずれだったら止めればいいだけのことです。

「もう自由なんだ」と気付こう

年齢を理由にやりたいことをためらうのは、私に言わせれば「むしろ逆じゃないかな」です。

なぜなら若い頃の方が、誘いに乗れない理由がいくつもあるからです。

仕事が忙しい、休日は家族サービスをしなくてはならないなど、時間的・精神的余裕が少なかったはずです。

しかも多忙だったわりに、人間関係は意外に狭かったのではないでしょうか。

職場や家族など、ある程度固定化されたコミュニティで、毎日のように顔を突き合わせていても、趣味や遊びの話題が広がることはあまりありません。

今はどうでしょうか。

時間ならはるかに自由に使えます。子どもも手を離れました。お金だって、かつてのように切り詰めなくてもやっていけます。職場などの人間関係に縛られることもありません。

あなたが誰と付き合おうと何をしようと、もう自由なのです。

初めての経験が感情を若返らせる

前頭葉は創造性の脳でもあります。未知の世界に自分はどう向き合えばいいのか、どう乗り越えていけばいいのかというときに、大いにその力を発揮します。

大げさなことでなくてもいいのです。例えば料理でも、レシピ通りに作るのではなく、「あの店で食べた味を再現したい」と、試行錯誤することで前頭葉が奮い立つのです。

やってみたいことには憧れがありますから、感情もどんどん昂《たかぶ》っていきます。**心ときめく体験が前頭葉の若返りにもつながる**としたら、こんな楽しいことはありません。潑剌《はつらつ》とした気分に包まれ、「まだまだいろいろなことができそうだな」という意欲も高まってくるはずです。

04 わずらわしい人間関係から抜け出そう

好きなこと、やってみたいことに踏み込んでいくのは、人間関係も同じです。

好きな人、付き合って楽しい人との人間関係を最優先しましょう。

「この人素敵だな」とか「一緒にいるだけで楽しい」と感じる相手との付き合いをどんどん育てていけばいいのです。


これまではそうもいきませんでした。特に仕事をするうえでは、人間関係でたくさんの我慢を強いられたはずです。

それに、若い頃は自分をよく見せようと必死だったのではないでしょうか。


でも、この歳になったら、ありのままが一番。みんなに好かれようとするのではなく、**自分が居心地のいい人間関係**をつくっていきましょう。

人間関係に縛られると不自由になってくる

私がいつも言っていることですが、老いて幸せに生きるコツは**「我慢しないこと」**です。

自分が一番楽な生き方、暮らし方を選ぶことです。

60代、70代と年齢を重ねるほどに、我慢しなければいけない人間関係は減ってきます。

好きな人、一緒にいて楽しい人との付き合いを優先できるようになります。

これも老いの幸せです。自由な生き方ができるようになるのですから。

素敵な人は自由な生き方をしている

今までに出会った、「この人、素敵だな」とか「個性的で魅力あるな」と感じた人のことを思い出してみましょう。

そういう人たちに共通するのは、自由な生き方をしていたことではないでしょうか。

自分の意見や好みをはっきり口にし、周囲の目を気にすることなくやりたいことを実行する。

それが時には「わがまま」とか「自分本位」と受け止められることもあったでしょうが、本人は楽しそう。

「いいな」「羨ましいな」と、あなたは思ったはずです。

「私もあんなふうに、誰にも遠慮しないで自由に生きたい」と願っていなかったでしょうか。

自由に生きたいと思ったら、わずらわしい人間関係を捨ててしまうのが一番です。

嫌いな人や、付き合うことが苦になる人とはつながらなくて構いません。

好きな人や一緒にいて楽しい人、尊敬できる人、刺激を与えてくれる人、要するに**付き合いたい人と付き合えばいい**のです。

人間関係は、それで十分なはずですから。

70歳を過ぎたらもう、我慢してまで続けなければならない人間関係などありません。

身近に親しい人がいなくても恐れる必要はありません。自分が好きなこと、やってみたいことを追いかけていけば、きっとその世界で出会いが生まれます。

大切な出会いはむしろ、自分を縛る人間関係から抜け出せたときに訪れるものだと信じましょう。

今までを思い出してください。

自分が好きな世界に夢中になっているときに、すぐ隣に同じように夢中になっている人がいたことがあったはずです。

そしてその人とはすぐに本当に分かり合える友人になれたはずです。

05
話の面白い人と一緒にいると若返る

我慢が必要だったり退屈だったりする人間関係を惰性で続けても疲れるだけです。

「いつも同じ話の繰り返しだ」と思いながらも仕方なく付き合っていると、別れた後に「また会いたいな」と思うことはありません。むしろ「やっと解放された」とホッとするはずです。

「また会いたい」と思う人はどんな人でしょうか。

私の場合は、「話が面白い人」です。

話が面白い人は、普段から**面白いことを見つけるのが上手**です。その上、こちらの興味を引くように感情豊かに話してくれます。

そういう人と話していると自分もつい、すっかり忘れていた昔の話を思い出したり、そのときの感情まで思い出したりして夢中で話してしまいます。

「一緒にいるとつい話が止まらなくなってしまう」ような人と過ごすのは楽しく、何だか若返ったような気さえしてきます。

アウトプットを続けることで前頭葉は元気になる

前頭葉を活性化させる方法の一つにアウトプットがあります。

書いたり話したりして、自分の記憶や考えを発信することですが、最も日常的で手っ取り早いのは**「会話」**です。

本を読んだりテレビを見たりするのはインプットです。これも脳にとって大切なことですが、それだけでは前頭葉は元気になりません。

インプットする行為よりも、会話などのアウトプット行為の方が前頭葉は活性化され、老化の防止になるのです。

アウトプットのために必要な**創造性や相手の興味を感知する能力**は前頭葉の役割です。「あの人と話しているとたちまち時間が過ぎてしまう」と思わせるのは、アウトプット能力が高い人です。

共感能力も高いので、相手が自分の話に興味を持ってくれているかどうかを察することができます。つまり前頭葉が若々しい人といえます。

分からないことは素直に尋ねる

歳をとっても潑剌《はつらつ》としている人は、自分の知らないことがあると、素直に「分からないから教えてほしい」と聞き、相手の説明に熱心に耳を傾けます。

私の知る限り、**経験や実績を積んできた人ほど積極的に質問し、教えを乞います。**

松下幸之助氏は晩年になっても、「分からないこと」があれば、孫ほどの年齢の技術者や研究者に、徹底的に聞いていたそうです。

こんなことを聞いたら「恥ずかしい」……そんなプライドは捨てて、**「分からないことがあったら、聞けばいい」**という気持ちでいること。これがアウトプット能力を鍛えることに直結するのです。

老親の話は遮らない

余談になりますが、よく「年寄りの話はくどい」とか「同じ話ばかり繰り返す」といって敬遠する人がいます。

でもその高齢者がもし、あなたの親なら、どうか我慢して付き合ってあげてください。「もう何回も聞いたよ」とか「またその話？」と遮らないようにしましょう。たとえ同じ話の繰り返しでも、アウトプットには違いありません。

思い出して繰り返し話すだけでも、前頭葉を刺激することにつながるからです。

話を遮られてばかりいると、そのうち何も話さなくなってしまいます。そうすると前頭葉の老化を助長することになり、ますます老いが進んでしまいます。

「へぇそうだったの」「それで？」などと相槌《あいづち》を打ちながら聞いてあげるだけでも、老親はきっと喜ぶはずです。

06

自由で楽しい人間関係のポイント

お互いを刺激し合える人間関係というのは、いくつになってもつくることができます。例えば自分の夢や目標を話せる人間関係です。もちろん、こちらが話せば相手も話してくれます。時間が自由になる60代以降なら、お互いに身軽で、若い頃より何でも夢や希望を語り合えるはずです。

ところが現実にはどうでしょうか？

夢を語っても首を横に振る人が少なくありません。「もう若くないからね」とか「70過ぎでしょう？　無理無理」と年齢を持ち出すような人です。

そういう人とは、無理して付き合う必要はありません。

こちらが憧れを語れば「実は私も」と自分の憧れを話してくれる人や、「一緒にやってみようか」と同調してくれる人と付き合いましょう。たとえ計画倒れに終わっても、得るものは多いはずです。人間関係に迷ったら、一つの目安にしてみてください。

負担に感じる役割や責任は引き受けなくていい

真面目な性格の人に注意してほしいことがあります。

例えば町内会とか自治会のような**地域コミュニティでの人間関係を必要以上に重く受け止めない**ようにしましょう。

真面目な性格の人ほど、役職を任されると断り切れずに引き受けてしまいます。任されたことを意気に感じて、「頑張って良い町内会にしよう」と張り切る人もいるでしょう。しかし、たとえそういう人でも、時間的・精神的な負担を感じてまで頑張る必要はないと思います。

真面目な性格の人は、「地域のつながりは大事だ」と考えてしまうかもしれませんが、無理をしてまで引き受ける必要はありません。

例えば現役時代に役職や公的な仕事に就いていた人でしたら、お願いすれば喜んで引き受けてくれるでしょう。責任や大事な役割が好きな人はどこにでもいるものです。

仕事をリタイアしてしまうと、地域の人間関係が割と大きな比重を占めるようになります。そこに縛られ過ぎるとせっかくの自由が奪われてしまいます。

必要な人間関係は保ちつつも、重荷にはしない、そういう感覚をぜひ身に付けておきましょう。

会ったことのない人とでも共感し合うことはできる

ＳＮＳにも少しだけ触れておきましょう。

自分から話す、書く、情報発信するアウトプットの大切さは分かっていても、同じことに興味を持ってくれる人が身近にいるとは限りません。

そういうときに便利なのが、フェイスブックやＸ、インスタグラムといったＳＮＳです。

みなさんの中にも、利用している方がいるかと思います。最近ではシニアに特化したＳＮＳも増えていますね。


かつての人間関係というのは、あくまで生身の人間同士のつながりでした。共通の知人などを介することで人間関係も広がっていきましたが、半面、全くつながりのない人と一対一の付き合いが始まるということはありませんでした。

ところがＳＮＳは暮らす場所も年齢も離れ、それこそ顔も名前も知らない人とでも趣味や興味、夢や計画を通してつながることができます。

現実の人間関係が限られている環境でも、**SNSなら広げていくことができます。**

身近に自分の好きなことを話し合える友人がいなくても、思い切ってＳＮＳで発信してみたことで、そこから親しい関係が生まれたという話はよく聞きます。私の印象では若い世代よりむしろ50代以降、60代とか70代の世代で広がっているようです。

実際に会ってみると、年齢よりも若々しく感じられる人が多いとも聞きます。

夢や憧れを発信し、共感し合える関係は、若々しい感性があって初めて可能になることだからでしょう。

07 自分は一人じゃないと気付けば幸福感が生まれる

意欲がなくなり、感情の起伏が乏しくなってくると孤独感が生まれます。身近に家族や知人がいても、自分は一人ぼっちだという気持ちに陥りやすくなります。いわゆる**「老いの孤独」**です。私が接してきたお年寄りの中で、「あまり幸せそうじゃないな」と感じさせる人たちに共通するのが孤独感でした。

一方、実際に顔を合わせる機会が限られていても、**共感し合える人間関係を持つ人に孤独感は生まれません。**

一人の時間は誰にも邪魔されず、自分がやってみたいことを楽しむ時間なので少しも寂しくないのです。

孤独感は認知症のリスクを高めることも分かっています。

人と接しても感情が揺れ動かない、相手の言葉に共感したり、自分を分かってもらえたという実感が持てないのは、脳への刺激がなくなっている状態です。そのままでは脳の機能が衰えていくことは想像に難くないでしょう。

共感し合える人間関係を大切にしたい

共感し合える人間関係があれば、孤独感は生まれません。

逆にどんなに付き合いの範囲が広い人でも、**そこに共感し合える関係がなければ、やはり孤独感が生まれてきます。**

私が接してきたお年寄りの中には、かつては大勢の部下を率いてきた経営者や、長く学生を教えてきた教授などもいました。そういう人が孤独を感じないかといえばそうではありません。

現役時代は「自分には友人が大勢いる」と思っていたのに、実はその友人とは仕事絡みの付き合いだけで、本音を語れる関係ではなかったということはよくあります。

リタイア後に「友人が欲しい」と思っても、現役時代の肩書やプライドが邪魔をして新たな人間関係が構築できず、孤独を深めてしまう人もいます。

だから自由に生きて、やりたいことをやってみよう

では、共感し合える人間関係を今から育てるにはどうすればよいのでしょうか。

一つの方法は、**趣味を持つこと**です。趣味を持つと他人と関わる機会が生まれ、孤独感を解消することができます。

読書や編み物など一人でするものよりも、スポーツや語学など、サークル活動があるものがお薦めです。一緒に学ぶ人と出会い、励まし合ったり教え合ったりすることで共感が生まれるからです。

そのためにもまず、**あなた自身が好奇心を育て、変化と挑戦をためらわない人にならねばなりません。**できるかどうかではなく、挑戦するのです。うまくいくかどうかではなく、変化を楽しむことです。

そういうポジティブな生き方を始めたとき、必ず共感し合える出会いが生まれます。

では何から始めるか。次章では、最初の一歩を踏み出してみましょう。

第3章

何でも面白がって試してみよう

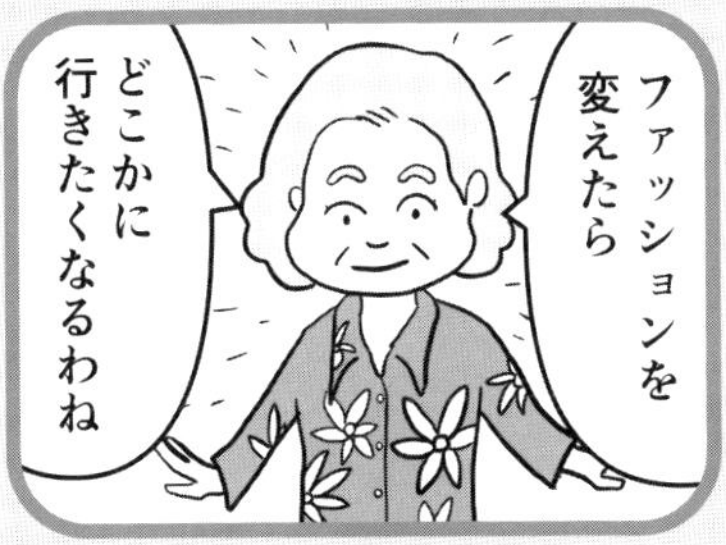
ファッションを変えたら
どこかに行きたくなるわね

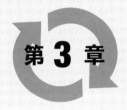

01 定年退職してから天職に出合う

定年後の再就職で全く畑違いの仕事に就いた女性がいます。

それまでは経理の仕事をしていたのに、介護関係の職場で働き始めたのです。といっても週に2、3日のパートで、利用者さんの介護補助の仕事です。

最初は「できるかな」と不安だったそうです。ずっとパソコンの前に座って数字を打っていた仕事から、人と身近に接する、いろいろな指示や要求に対応するといった仕事に戸惑いもあったそうです。

不慣れな仕事に疲労感もありました。しかし、一日の勤務が終わると、今まで感じたことのない充実感や満足感、もっといえば幸福感まで感じるようになったそうです。

「何だろう、この幸福感は?」

不思議な気持ちになりましたが、だんだん理由が分かってきました。

利用者さんから「ありがとう」「いつもすまないね」「明日もお願いしますよ」と感謝や

労《ねぎら》いの言葉をかけてもらうのが嬉しかったのです。

冗談めいた言葉のやり取りもあるし、時には不満をぶつけられることもありました。でも、他人と身近に接して感情の交流が生まれるというのは、それまでの仕事では経験できなかったことでした。

「もしかして私は、こういう仕事が向いていたのかな」

そう考えると、何だか元気が出てくる気がしたそうです。

一つの世界に自分を閉じ込めてこなかったか

長く同じ仕事を続けてくると、その仕事が自分に向いているかどうかなんて考えなくなります。知識や技術を身に付けて、与えられたノルマをこなすことに精一杯です。

でも実は、**本当に好きになれたり、夢中になれたりする仕事がほかにあったのかもしれません。**それでも、最初に選んだ仕事に就いて、何となく定年まで働いてきたという人がほとんどだと思います。

同じようなことは、ほかにもたくさんあります。

行きつけの店、映画や音楽、読書。何でも「こういうのがいいな」と最初に感じた世界に入り込んでしまい、長くその世界に安住してしまうと、それ以外のものには手を出そうとしなくなります。**自分で「私にはこれしかない」と決めつけてしまう**のです。

宝物は知らない世界に眠っている

70歳を迎えるような年齢になると、自分のことはだいたい分かったような気がします。好みや性格も、向き不向きも、何が似合って何が似合わないかといったようなこともほぼ分かってきたつもりです。

でもそれは、あれこれ試してみた結果でしょうか。

例えばファッションなら、若い頃に気に入ったブランドやデザインの物をずっと愛用し、食べ物なら一度おいしいと思った料理や味付けにこだわってしまう。初めてのものを試さなかったり、自分から遠ざけたりした結果、好みが固定した人が多いような気がします。

自分のことは分かったつもりでいても、実は狭い世界の中だけで選んだものを**「これが安心」と思い込んでいるだけ**かもしれないのです。

仕事や趣味も同じです。「私には無理」とか「向いてない」と思っていることが、やってみれば意外に楽しかったり夢中になったりすることはよくあります。「もっと早くやってみればよかったな」と後悔するようなケースです。

たとえ70代でも、自分のことはまだよく分かっていない、**知らない世界に思いがけない宝物が隠されている**ということに気付いてください。

そこから、好奇心と意欲が育ってきます。

02

「へそ曲がり」を楽しんでみる

私が「もったいないな」と思うのは、60代、70代になってもまだ「これしかない」と自分の好みに執着する人がいることです。

せっかく仕事から解放され、自由な時間が手に入ったはずなのに、いろいろな可能性を自分から閉ざしてしまっているのですから「もったいないな」と思ってしまいます。

60代、70代はまだまだ活動的な世代です。多少の失敗があったとしても笑って済ませられる年代です。**未知の世界や初めての経験は前頭葉を大いに刺激します。**失敗ですら脳や感情の若返りに役立ちます。

60代、70代になったからこそ、マインド・リセットです。

初めての体験に自分からどんどん挑戦しましょう。

例えばファッションなら、自分には似合わないと思い込んでいた色のシャツやセーターを試してみるのです。

「若い頃一度試してみたけど好きになれなかった」と思うようなことでも、今はどうなのか、試してみなければ分かりません。

「みんなと同じでいい」はやめましょう

グループでランチを食べに行くと、だいたいのパターンがあります。

最初に誰かがメニューを眺めて「チキンカレーでいいかな」と言えば、ほかの人も「じゃあ私もカレー」と言い、残った一人も「みんなと同じでいいわ」と答えます。

おそらく職場の同僚と食べるランチのパターンなのでしょう。昼休みの時間が限られていて、バラバラにオーダーすると時間がかかってしまうとか、ランチ後におしゃべりしたいとか、要するに手っ取り早く食事を済ませるための知恵なのです。

でももう、あなたのランチに制限時間はありません。

食事に出かけても慌てて席を立つ理由はないのですから、**思い思いにメニューを決めて食べたい料理をオーダーしていいはず**です。聞いたこともない料理、味も中身も想像できないような料理を注文してみましょう。

「へそ曲がり」大いに結構。

多分、誰かが「何、それ？」と聞いてくるでしょう。

それに対する返事は「分からないからオーダーしてみた」でいいのです。

おそらくその料理が運ばれてくると、みんなが注目するはずです。

あなたもドキドキしながら一口味わってみます。ここから先はいろいろな展開になります。もしおいしかったら「やったあ！」と得した気持ちになります。

どうにも微妙な味だった場合でも「そうか、こういう料理なんだ」でおしまいです。

まともな店のメニューならそれほどひどい味ということはないはずですから、**新しい味に出合えた経験はあなただけのもの**です。

食べログの「評価真っ二つ」を狙ってみる

初めての土地に行って、「さあ、ご飯はどこで食べようか」と迷ったときに、「食べログ」の口コミを参考にする人は多いですね。

私もそうですが、店の選び方はおそらくみなさんと逆です。「非常に良い」が集まっている高評価の店は外して、わざと「良い」と「非常に悪い」が混じっている店を狙います。

評価が真っ二つという店には、特に入ってみたくなります。

「非常に悪い」といったところで、たまたま店主の機嫌が悪かったか客の回転が速すぎてテーブルが汚れていただけかもしれません。そのことに腹を立てていたら何を食べてもまずいと感じます。低評価は、料理の味だけの評価とは限りません。

それに、高評価の店はたいてい混んでいますが、「悪い」が目立つ店は空いています。古くて寂れた店が意外においしかったりすれば、もうけもの。自分の眼力と直感に自信が湧いてきて自慢したくなるのです。

03

60代の男でも気が付けば嬉しい「もうすぐ春」

ウオーキングや散歩を毎日の習慣にしている人は多いと思います。

私自身、60歳が近づいた頃から健康のために歩くようにしています。

コースは決めていません。むしろ**意識して毎回変えています。**入ったことのない小路に気が付けば入ってみる。小さな公園を見つければ入ってみるといった調子です。まるで徘徊老人みたいですが、歩くたびに何かの発見があってなかなか楽しいのです。歩数なんか気にしなくても、坂道や階段を上り下りして1時間も歩くと汗をかいて「いい運動になったな」と満足します。

散歩が楽しいのは、**いつものコースを歩いていても何かの変化に気が付く**からです。思いがけない場所に小さな珈琲店がオープンしていたり、レストランの看板に新しいメニューが書かれてあったり、公園を歩けば梅の蕾《つぼみ》が膨らんでいたりします。

そういう変化に気付くと、「おっ」と思いますね。

梅の蕾《つぼみ》に気が付いて「もうすぐ春なんだ」と思えば、誰かに教えたくなります。

何だか得したような気分になるのです。

散歩で気分転換できない人

変化に気が付くというのも、前頭葉が元気な証拠です。

退屈に慣らされて前頭葉の老化が進んでくると、この「変化」に対しても鈍感になってきます。

例えば誰かと一緒に街を歩いたとき、後でその人が「そういえばあの店、新しい看板に替えたね」とか「あの八百屋さんの店先に並んでたトウモロコシ、おいしそうだったな」と言います。ところがあなたは「えっ？　そうだったっけ？」とか「トウモロコシなんか置いてあった？」と首を傾げてしまいます。

変化に気が付いた人は、それだけ**好奇心に動かされながら街を歩いていた**人です。

気が付かなかったあなたは、用事や目的だけが頭の中に居座っていたことになります。

興味や関心が外の世界に向いておらず、自分の心や目的だけを見つめていたのです。

これではせっかく散歩に出かけても、少しも気分転換できません。嫌なことがあればいつまでもそれを引きずってしまうでしょう。落ち込んでいるときも落ち込んだままで、感情が揺れ動くことがないのです。

ドアを開けないと店の中は見えない

私が歩くのが好きなのは、単純に**面白いから**です。

以前は仕事で地方に出かけても、用事が済めばホテルの部屋に閉じこもって原稿を書いたり資料を読み込んだりしていました。

でも最近は「とにかく外に出てみよう」という気になります。

たとえそこが有名な観光地だとしても、実際に歩いてみると次から次に意外な光景や思いがけない味に出合ったりします。

私はラーメンの食べ歩きが大好きですから、初めて訪れた町で、思いがけずおいしいラーメンに出合ったりすると、ものすごく得した気分になります。

「お、これでまた話のネタができたぞ」と思うと嬉しくなるのです。

きっとあなたも「運動しなくちゃ」とか「外の空気を吸わなくちゃ」と考えて散歩することがあると思います。

ただどこかに、時間を区切ったり、用事を済ませたりすることを優先させる気持ちはないでしょうか。時間を気にしていると思いがけない場所に新しい珈琲店がオープンしているのを見つけても、「もうこんな時間だから」とか「郵便局に行く用事があったんだ」と、せっかくの発見もそこで終わってしまいます。

「今度いつか行こう」と思っていても、その「いつか」はなかなかやってきません。

せっかく「変化」に気が付いても、**それを確かめないで通り過ぎてしまったら新しい世界に踏み込むチャンスはなかなか訪れない**のです。

04

日常習慣をちょっとずらしてみよう

私はもともと早起きですが、旅に出ると普段よりさらに早く目が覚めてしまうことがあります。そういうときは、さっさと起きだして夜明け前の町を歩いてみます。

夏でも空気がひんやりして気持ち良く、耳慣れない鳥の声があちこちから聞こえて、空がだんだん明るくなってくる様子につい見とれてしまいます。自宅では経験することのない時間を過ごすことで、「ああ、旅にきてるんだなあ」という実感が湧いてくるのです。

ほとんどの人は仕事をリタイアしても、自分の時間割に従って暮らしていると思います。生活が不規則になって、体調や自分のリズムが崩れることを避けるためでしょう。それでも眠れないこと、早く目覚めてしまうことはしばしばあります。「早く目が覚めてしまう」という悩みが増えてくるのも、60代、70代の頃からです。

そういうときは**悩むより、思い切って起きてしまいましょう。**キッチンでコーヒーでも淹《い》れて一息ついて、それから散歩に出かけてみてください。

夜明け前の町は静かです。空がだんだん明るくなって、家並みの向こうから太陽が昇ってくるのを見ると不思議な気分になります。

特別な光景を見たような気もするし、一日の始まりは厳かなものだなと気が付きます。

「ありふれた日常」という言葉があります。

しかし、どんなにありふれて見えるものも、**習慣を少しずらすだけで意外な光景に出合えると分かれば**、とても新鮮な感覚になるはずです。

いつものスーパーでは、いつもの料理しか思いつかない

仕事をリタイアすると、どうしても行動範囲が狭くなりがちです。

通勤途中のターミナル駅の地下街やデパ地下で買い物をすることもあったのに、近所のお店で済ませるようになってしまいます。いつものスーパーが決まってしまうのです。

この習慣もちょっと変えてみましょう。

どんな町にも大なり小なり、商店街や個人商店はあります。八百屋さんや肉屋さん、手作りの総菜屋さんなどがあるでしょう。スーパーでしたら、メモを片手に欲しい物を買い込んでおしまいですが、商店ではそうもいきません。

一軒一軒店先の品物を眺めていくと、「そういえばしばらく食べていないな」とか「もうそういう季節なんだ」と気が付くような食材が並んでいるはずです。

ある60代の女性は八百屋さんの店先の段ボール箱に入った野菜を見て、思わず「あ、大根の葉だ」と声が出たそうです。

店のご主人に「大根は葉っぱが一番おいしいよ」と勧められ、思わず買い込んでしまいましたが、信じられないような安い値段でした。

早速その夜は大根葉の料理です。ザクザク刻んでフライパンで炒めて、削り節と醤油《しょうゆ》で味付けするだけです。

とても簡単な料理なのに夫は「懐かしいな。子どもの頃によく食べたよ。これがあればご飯がいくらでも食べられる」と大喜び。その日の夕食は、いつになく会話が弾んだそうです。

旅するように暮らすことはできる

私たちは、自分でつくった習慣に縛られて毎日を過ごしているだけなのかもしれません。旅に出ると何でもない光景や体験も新鮮に感じるのは、日常の習慣から解放されているからでしょう。日々の暮らしも、**時間割やコースから外れてみると旅に出ている気分を味わうことができます。**

旅の極意は「暮らすように旅すること」だといいます。

動き回るだけでなく、それぞれの土地に親しんでのんびりと過ごす時間を持つということです。

それなら逆に**「旅するように暮らすこと」**もできるはずです。きっと新鮮な気持ちを取り戻すことができるはずです。

05

老いたら失敗することにも慣れましょう

この章の最初に**「自分のことは、分かったつもりでも分かっていない」**と書きました。60年以上も生きていると、誰でも自分のことは分かったつもりでいます。でも、意外と狭い世界しか知らないことが多いのです。

なぜそうなったのでしょう？　私は、**「試してみる気持ち」**を失ったからだと思います。「ちょっと試してみようかな」と思うことはあっても、「失敗したら」と考えると「今のやり方が一番安心」と自分に言い聞かせて、試すことをやめてしまいます。

年齢を重ねると、「この歳で笑われたくない」という気持ちも生まれます。「いい歳をして恥ずかしい」と考えると、ますます臆病になってしまいます。

笑われても「若いなあ」と感心されるのが強みです

そこでマインド・リセットです。

「この歳で笑われたら〝楽しい〟」

そう考えてください。

「ほんとに子どもみたいな人だねえ」

そう笑ってもらえた方が、心配されたり気遣われたり、あるいは煙たがられたりするよりはるかにマシです。少なくとも、年寄り扱いされないで済みます。

70歳を過ぎて「子どもみたい」な生き方ができるなら、こんな幸せなことはありません。

施設で暮らす90歳のおばあさんが、楽しそうにこんな思い出を話してくれました。

60代の頃、おばあさんは、お孫さんたちとスケートリンクに出かけたそうです。最初は滑るつもりなど全くありませんでした。

ところが3歳のお孫さんが転ぶたびに、リンクの外にいる自分に「おばあちゃーん」と助けを求めてきます。

最初は「転んだっていいから滑ってみなさい」と励ましていたのですが、「一緒に滑ってよ」と泣きべそをかかれたので「えーい」と決心してリンクに出ました。

もちろん初めてですから、恐る恐る立っているだけで精一杯です。

ところが転んでばかりだったお孫さんが少しずつ滑れるようになってきました。

お孫さんから「おばあちゃん、転んだっていいから滑ってみて」と逆に励まされ、負けず嫌いの彼女は「よーし」という気になりました。リンクの手すりにつかまって、転んでは立ち上がりを繰り返し、とうとうお孫さんと手をつないで数メートル滑れたそうです。

思わずつないだ手を挙げて二人で万歳しました。そこでまた、スッテン！　そして、翌日はお約束の筋肉痛です。

「あの筋肉痛は今でも忘れないですよ、いい思い出です」

「足腰が痛いわ」と嘆く彼女の顔は、言葉とは裏腹に喜びに満ちていたことでしょう。

「私なりに」の感覚で試してみよう

60代、70代になって初めてのことに挑戦するのは勇気が必要です。

失敗して痛い目にあうだけかもしれないし、自信をなくしたり後悔したりすることだってあるかもしれません。

でも、マインド・リセットして**「私なりに」**と考えてみたらどうでしょう。

「できなくていいから私なりに楽しんでみよう」と考えれば、たとえ高い山に登れなくても、麓の花畑を楽しむことはできます。

苦手なスポーツでも、汗をかく爽快《そうかい》感は満喫できます。**挑戦の中に自分なりの楽しみを見つけ出す感覚**をぜひ身に付けてください。人生は何倍も豊かになるはずです。

06

「似合わない」でなく「違う自分に出会えた」

ファッションやヘアスタイルも、**どんどん新しいものを試してみましょう。**

ほとんどの人は自分に「似合う」か「似合わない」かで、服装を選んだり髪型を決めたりします。

でも、60代でしたら、もう30年くらい前に自分に似合うと思ったファッションやヘアスタイルを変わらず守っているのではないでしょうか？

年齢を考えると、今さら冒険はできません。若々しい装いに憧れても、似合うか似合わないかまで考えると、ほんの少しのイメージチェンジで終わってしまいます。

すると残念なことに誰も気が付いてくれなかったりします。

「せっかく新しい靴を買ったのに」とか「思い切って髪をグレーに染めてみたんだけどなあ」と物足りない気持ちになってきます。

以前、私より年上と思われる男性がGパンに革ジャンを着て闊歩《かっぽ》しているのを見て、心の中で「かっこいいなぁ」と叫んでしまいました。

とても颯爽《さっそう》としていて素敵です。「似合うなぁ。羨ましい」と思ったのですが、案外つい最近まで背広しか持っていない仕事人だったかもしれないと思い直しました。彼が素敵に思えたのは、**年齢という枠に縛られていなかった**からでしょう。

大胆なイメージチェンジは、似合うかどうかが問題ではありません。

今までと違う自分になるということです。

ファッションやヘアスタイルで思い切った冒険をしてみることは、**今までとは違う自分に出会うため**なんだと考えてみませんか。

自分はこういう人間と決めてしまうと抜け出せなくなる

例えば高級ホテルの最上階のバーでカクテルを飲むことに憧れたとしましょう。

でもすぐに「柄じゃない」とか「私に贅沢《ぜいたく》は似合わない」とブレーキをかけてしまう自分がいます。

なぜそうなるかといえば、「自分はこういう人間だから」という思い込みがあるからです。

「私は居酒屋でみんなとにぎやかに飲むのが似合っている。ホテルのバーでカクテルなんて柄じゃない」と。

でも、憧れる自分もいます。

「夜景がきれいなんだろうな」

そう思うと、ドキドキするけれどちょっと試してみたい気もします。

試してみましょうよ。

自分の殻を破って、**自分でも気が付かなかったもう一人の自分に出会うチャンス**です。

間違いなく人生の楽しみが広がってくるはずです。

「こういう自分もいる」と気が付けば勇気が出てきます

今まで「こういう人間だ」と思い込んでいた自分とは全く違うもう一人の自分が潜んでいたことに気が付くのは、何歳になってもとてもスリリングなことです。

一度でもそういう経験をすると、今度は勇気が出てきます。

「やってみなくちゃ分からないじゃないか」と自分を励ますことができます。

それができるのが、歳をとることの強みだと気付いてください。少しぐらい失敗しても評価が下がることはないし、仕事を干されることもありません。

60歳を過ぎたら誰でもフリーランス。**いろいろな役を演じていい**のです。

そして、いい思い出をたくさんつくりましょう。

違う自分に出会うたびに、それが楽しい思い出になっていきます。

たとえ身体が不自由になって施設に入るような日が来ても、**「あんなこともあった」「こんなこともあった」と楽しく思い出せる人は幸せ**です。

「自分はこうだから」と思い込んで何も試せなかった人には、多分「つまらない人生だったな」という後悔しか残らない気がします。

07 答えは一つだけではない

若い頃から変わらない私の目標は、**「今よりもっと賢く」**なることです。一つの答えを見つけてそれで満足するのでなく、いろいろな答えを知っておくことでさまざまなケースを乗り切ることができるからです。

長く続けてきた精神療法の臨床でも、一つの理論では当てはまらない患者さんはしばしばいます。いくつもの理論を試してみることで、道筋が見えてくることが多いのです。

自分がより「賢くなる」という感覚は、何歳になっても嬉しいものです。知識の幅が広がるほど、世界が広がってくるし、**考え方も柔軟になってきます。**

今までは「こうに違いない」と一つの答えしか出せなかったのに、「いや、こういうのもあり得る」とか「こっちだって考えられるぞ」と気が付けば、諦めていたことでも**「何とかなりそうだ」という希望**が生まれてくるからです。

分かりやすい例が介護です。

介護について「お金がなければ良いサービスは受けられない」という断片的な知識しかない人は、「じゃあ、うちは我慢するしかない」という答えしか出せません。きっと不安でいっぱいになるでしょう。

でも自治体に問い合わせたり、本やネットで調べたりすれば、経済的な負担が少ない方法がいくつもあると知ることができます。

すると「何とかなりそうだ」と、前向きな気持ちになれるのです。

いくつになっても賢くなることは嬉しい

同じようなことは、いくらでもあります。

大切なのは、**狭い知識による思い込みから抜け出す**ことです。

そうすれば、おのずと柔軟な発想ができるようになります。

思い込みは前頭葉の機能低下と無関係ではありません。変化を好まないとか、柔軟な発想ができなくなることで陥る**「決めつけ思考」**だからです。

そうならないためにも、「もっと賢くなりたい」という欲求は大切です。

「まず試してみる」というのも同じで、その気持ちさえ失わなければ、知識や経験の幅を広げることができます。

今まで知らなかった答えや考え方に出合うたびに、「賢くなれた」と実感するでしょう。60代だろうが70代だろうが、「賢くなった」と感じるのは嬉しいものです。

「世の中にはまだまだ、知らないことがあったんだな」と気が付くことで、**意欲や好奇心がさらに膨らんでくる**からです。

もう一つのメリットは、**知識が広がれば楽になれる**ということです。

いくつもの選択肢を知っていれば、あわてて結論を出さなくて済みます。

無理やり一つの答えに当てはめようとすると、諦めたり苦しい努力を強いられたりすることがあります。でも、いくつもの答えを知っていれば、**よりベターなやり方を選ぶことができる**のです。

苦手なことは「レパートリーが増える」と考えよう

ぜひ試してほしいのは、**あなたが苦手なことに挑戦してみること**です。

例えば読書で「どうもこういうのは苦手だな」と思う分野はありませんか。

ミステリーは好きだけど、ノンフィクションは敬遠してほとんど読まないといったことです。

でも苦手だと感じたのはずいぶん前のことだったのでは？　それ以来、手を出してこなかったとしたら、すごくもったいないことです。

試しに話題のノンフィクションを読んでみると、意外に夢中になったりします。

すると今度は「違う作品も読んでみよう」という気になります。

興味の対象が増えることで、衰えた意欲を取り戻すことができるのです。

08 「いつか」「そのうち」が「いま」だと気付きましょう

私はこれまで、たくさんの高齢者にご自身の人生を振り返ってもらいました。すると「いい人生でした」と嬉しそうに答える人がいる一方で、「後悔していることがあります」と答える人もいます。

後悔にもいろいろありますが、一番多いのは**「もっとやりたいことをやっておけばよかった」**というものです。

「チャンスは何度かあったのに、お金がなかったり仕事が忙しかったり、家族のことを考えてつい先延ばしにして、気が付いたらもうこんな歳になってしまった」

こういう答えが最も多かった気がします。

誰にでも、やってみたいことはあります。それを、「私には無理」とか「できない」とすっぱり諦められる人はむしろ少ないはずです。

そこでほとんどの人は「今は無理だけど」とか「いつかそのうち」と、とりあえず先延ばして自分を慰めます。「いつか」と考えれば希望が残るからです。

でも70代を迎える年齢になったら、マインド・リセットが必要です。「いつか」と先延ばしにしてきたことがたくさんあるなら、**その「いつか」は「いま」**だと考えましょう。

「やりたいことがある」のは心が元気な証拠です

ここまで何度か繰り返してきましたが、70歳を迎える年代というのは人生の中で一番自由な時間です。身体さえ元気なら、行動が制約されることもほとんどありません。**やってみたいこと、憧れていることがあるというのは、心が元気で脳も若々しい証拠**です。これだけ条件が揃っているのですから何もためらうことはありません。

多分、今のあなたにもやりたいこと、憧れていることがあると思います。**それがあるというだけで、自信を持っていい**のです。意欲も好奇心も失ってしまうと、やりたいことすら思い浮かばなくなります。

変化のない毎日を淡々と繰り返し、心動く誘いも断り、「もうこのまま歳をとっていくだけなんだな」と悟り顔の、面白みのない高齢者の出来上がりです。

そういう毎日は、30年先に取っておきましょう。

それこそ「いつかそういう時も来るんだろうな」と先延ばしにしておけばいいのです。

「試してみよう」と自分の背中をポンと押そう

さまざまなジャンルでのチャレンジを思いつく限り紹介してみました。中には、それほど興味が湧かないことも含まれていたかもしれません。

お伝えしたいのは**「何でもいいから試してみよう」**ということです。

失敗したらそのときのこと、後悔したらそのときのことです。

「私には向いてなかった」でいいのです。

失敗しても、思いがけない発見があるかもしれません。

長い間、自分は「こういう人間だ」と思い込んできたことがひっくり返されるような驚きに出合うかもしれません。

60歳を過ぎてそういう体験ができたなら、**そこからの人生が大きく変わってくる可能性があります。**

そしてもし、何を試しても「やっぱり今までの自分でいい」と気が付いたら、それはそれで自信がつきます。

今の自分を信じて、ゆったりした気持ちで生きていくことができるでしょう。

それもこれも**試してみたからこそ、得られる結果**です。

どちらに転んでも幸せなことなのですから、軽い気持ちでポンと自分の背中を押してみてください。たったそれだけのマインド・リセットで、幸福感が生まれるとしたら、やっぱり「試してみる」しかないと思いませんか。

第4章

居心地のいい場所をつくろう

01 やりたいことを暮らしの真ん中に置く

あなたが今、一番好きなこと、夢中になれることはなんでしょうか。

編み物、読書、映画、水彩画、俳句、散歩……何でもいいのです。**とにかくその一番好きなことを暮らしの真ん中に置きましょう。**

「真ん中」というのは、あなたが一日の中で元気に、気分良く過ごせる時間のことです。「午前中が一番調子がいい」のなら午前中、夕方が落ち着くなら夕方、「晩ご飯の後がゆったりできる」というなら夜でもいいですね。

そして、**その時間に一番好きなことをやる**という目標を立てましょう。読書なら「このページまで読み終えよう」です。編み物なら「ここまで編み上げよう」、水彩画なら「この時間まで集中して描こう」でしょうか。

その日の目標はそれだけです。それ以外のこと、毎日やらなければいけないたくさんの雑用は「やれたらやる」「できることだけやる」でいいのです。

それは今日でなくてもできる

これまで長い間、毎日やらなければいけないことがあったでしょう。時には一日がそれだけで終わってしまったかもしれません。ずっと「自分の時間が欲しい」と思ってきたはずです。

その時間がやっと手に入りました。

70歳とはそういう年齢なのです。

それなのにまだ「自分の時間がなかなか取れない」と感じてはいませんか。

子育ても終わり、夫婦暮らしなら、家事に奪われる時間は以前より少なくなっているはずです。毎日、仕事に出かけることもありません。だから一日の真ん中に自分が一番やりたいこと、好きなことを置いても何も困ることはありません。

「時間がない」というのは、あなたの思い込みではないでしょうか。

嬉しいときは雑用なんかスイスイ片づく

好きなことを存分に楽しめるなら、喜びが込み上げて嬉しくてたまらないはずです。

こうなると雑用なんか苦になりません。

面倒な掃除や料理だって、鼻歌交じりに片づけることができます。

買い物もウキウキと、散歩気分で出かけることができるでしょう。


今までは逆でしたね。

好きなことを楽しむためにはまず、片づけなければならないことがありました。

一つ片づいても次が待ち構えています。やらなければいけないことを全部片づけて、「さあ、やっと自分の時間だ」と思った頃にはグッタリです。

「お茶を飲んで一休みしよう」と思った頃にはもう一日の大半が過ぎてしまい、楽しむ気持ちも消えています。

義務感だけで動いていますから、ひたすら我慢です。

でも一番好きなことを暮らしの真ん中に置いて、それを楽しむことを最優先させれば、幸せな気持ちのまま雑用を片づけることができます。

心は貴族、笑顔が若々しい

好きなことを暮らしの真ん中に置く一日は、貴族の暮らしです。

やらなければいけないことだけで一日が終わるのは、召使いの暮らしです。

70歳になったらもう、**心は貴族になりましょう。**
たとえ身体は老いても、心まで老いてはいけません。
心が老いてしまうと表情も老け込んできます。
上機嫌な人は、いくつになっても笑顔が若々しいのです。

02

妻も夫も居心地のいい自宅にしよう

夫婦の関係についてもマインド・リセットを試みましょう。

60歳を過ぎると、夫婦の共同作業はだいたい終わります。子育ても、働いて貯金をしたりローンを支払ったりするような大きな作業はたいていの夫婦が終わっているはずです。そのための仕事も終わりました。二人が一緒に背負ってきた重荷を下ろして、自由になれる時が来たのです。自由にならないといけないのです。

自由になれば、妻にも夫にもそれぞれやりたいことが出てきます。もちろん一緒にやりたいことがあればそれでもいいのです。でも違っていたら、どうするか？

お互い、自分がやりたいことをやる。

相手のやりたいことを尊重する。

それしかありませんね。

自宅で過ごすときも同じで、お互いに過ごしやすいように過ごせばいいし、相手の大事な時間を尊重してあげるのが一番大事だと思います。

そうすれば、自宅は居心地のいい場所になります。

「やっぱり自分の家は楽だな」と思えるようになります。

無理に時間割を合わせなくていい

しかし、現実にはどうでしょうか。

姿の見える距離に相手がいるのですから、どうしても遠慮したり我慢したりすることになります。

相手に気を遣って時間割を合わせたり、自分がやりたいことを後回しにしたりすることになります。

すると「やりたいことを暮らしの真ん中に置く」ような生活はできなくなってしまいます。

時にはそのつもりはなくても、相手を束縛することもあります。

例えば外出しようとする夫（妻）に「どこに行くの」とか「何時に戻るの」と声をかけてしまいます。

声をかける方は悪気はないのでしょうが、聞かれる方は監視されているような気がするものです。これではいくら夫婦でも、いや夫婦だからこそ息が詰まります。そこで息苦しさを感じたら、長い老後がただ我慢するだけの辛い日々になってしまうのです。

夫婦のあり方を見直してもいい時期

そこで夫婦関係のマインド・リセットが必要になります。

平均寿命が男女とも60歳台だった時代（１９５５年頃）ならともかく、今は女性は87歳、男性も81歳でどちらも80歳を超えています。夫婦共に80代後半というのも珍しくありません。

もっと分かりやすいのは平均余命です。ある年齢の人があと何年生きられるかを示したものが平均余命ですが、令和４（２０２２）年の統計で70歳の男性は16年、女性は20年です。これが60歳なら男性はあと24年、女性はあと29年生きられるということになります。

現在60歳の女性が、仮に30歳で結婚したとすれば、これまでの結婚生活とほぼ同じ長さの人生が残っていることになります。そう、人生はまだまだこれから、なのです。

平均寿命が延びた現代は、**夫婦の老後のあり方も変わっていいいし、新しい関係になっていいい**のです。むしろ前半の30年の関係をそのまま後半の30年でも守り続ける方が不自然なような気がします。ずっと力を合わせ、助け合ってきた夫婦でも、これからはもっとお互いに自由を楽しんでいいし、自分のために生きていいということです。

とっくに独立した子どもの部屋を「子どもが帰ってきたときのために」と空けたままに

していませんか。

もう親の役割は終わったのですから、子ども部屋は不要です。さっさと片づけて、自分好みに、使いやすいように、居心地のいい部屋にしてしまいましょう。映画や音楽を楽しむための部屋でもいいし、一人でお茶を飲みながらくつろげる部屋にしてもいいのです。

「ここが一番落ち着くな」と思えるスペースが一つあるだけで、自宅の居心地もずいぶん良くなってくるはずです。

03 「昼ご飯はそれぞれで！」で夫婦にっこり

長く一緒に暮らしてきた夫婦ですから、60歳を過ぎてもつい、今までの癖や習慣が出てしまうことがあります。例えば昼前にどちらかが外出しようとすると、「昼ご飯はどうするの」と聞く人は多いでしょう。昼食はどうするのか、遅くなるなら先に食べていていいのか、確認するためのごく何気ないやり取りです。

でもこれは、休日の昼食は夫婦で一緒に食べるものという現役時代の思い込みから出てくる問いかけです。

もし、「昼ご飯はそれぞれで！」というルールをつくればどうなるでしょうか。夫も妻も、昼はそれぞれが自分の食べたいものを食べるというシンプルなルールです。

もちろん、外食するのも自由です。今はコンビニやデリバリーがありますから、男性でも昼ご飯ぐらいで困ることはないはずです。

たったこれだけのシンプルなルールですが、**夫婦それぞれの一日の過ごし方が大きく変わってくる**はずです。「昼ご飯はそれぞれで！」と決めてしまえば、朝からどこに出かけようが何をして過ごそうが全く自由になるからです。

友人とランチを食べる予定をいちいち説明する必要はないし、「どこに行くの」「何時に帰るの」と聞かれるストレスもありません。「友だちとランチするから帰りは夕方になるよ」のひと言で十分です。

これといって予定はないけれど、何となく外出したいということは誰にでもあります。そういうときは「ちょっと出かけてくる」でいいのです。

「昼ご飯はそれぞれで！」というルール一つで、夫も妻も気兼ねなく自由に一日を楽しむことができます。

ルールは話し合って決めよう

大切なのは、**お互いにどうすれば楽になるか、自由になれるかを率直に話し合う**ことです。片方が自由になっても、もう片方が不自由になるのでは意味がありません。

あまり細かいルールではなく、**ざっくりとしたルールにする**のがコツです。

例えばランチを各自で食べる曜日まで決めてしまうと、自由度がぐっと下がります。細かいルールは、それだけで不自由をつくってしまいます。

手始めに「朝食は各自で」というのもお勧めです。

これだけでも、シンプルなのに自由度がぐんと高まります。

毎朝、決まった時間に起きなくていいのですから、好きなだけ夜更かしができます。本を読みたい、録《と》りためたドラマを見たい、調べたいことや勉強したいことがある——いろいろなことに、時間を気にせず没頭できるのです。

「朝はパンと果物だけでいい」と思っている妻が、和食派の夫のためにご飯と味噌《みそ》汁を作る必要もなくなります。

「外出は各自」「旅行は各自」というのもありだと思います。外出するタイミングが偶然に一緒になって、実は夫婦とも同じ映画を見に行こうとしていたなんてサプライズがあったら楽しそうです。

夫婦のあり方はそれぞれなのですから、自分たちで話し合ってルールをつくることから始めてみましょう。

いつかまた、助け合うときが訪れる

「長く連れ添ってきた夫婦なんだから、歳をとったら寄り添わなくちゃ」と思う人がいるかもしれません。

しかし、まだどちらも元気で活動的に生活できるのでしたら、お互いの自由を尊重した方が良いのです。その方が、いい思い出がたくさんつくれます。**相手に尽くすより、自分に尽くしましょう。**今はそのためのマインド・リセットの時期です。

人生はまだまだ続きます。10年後、20年後には、どちらかの身体が不自由になったり、一人で動くことに心細さを感じたりするようになるかもしれません。

そうなったら**助け合う夫婦、お互いに寄り添って暮らす夫婦に戻ればいい**のです。

「好きにさせてもらって楽しかった」という良い思い出がたくさん残っていれば、きっと穏やかで幸せな暮らしになるはずです。

04

「ちょっと出てくる」「いってらっしゃい」

家庭以外にも、居心地のいい場所をどんどんつくっていきましょう。

居心地のいい場所を外に見つけたり、新しくつくったりすることは、70歳を過ぎてもできるはずです。

そのために大切なのは、**とにかく外に出てみること**です。もちろん、夫も妻も、です。

これが大前提です。

もうすぐ70歳になる男性がいます。再雇用で65歳まで勤め、その後2年ほど嘱託待遇で仕事を続けたのですが、「もう十分働いたから」と退職しました。「さあ、これからは好きなことをするぞ」と喜んだのも最初だけで、半年もすると自宅に閉じこもるようになってしまいます。

奥さんが「たまには外に出てみれば」と言っても、「別に行く所もないし、用事もない」となかなか腰を上げません。

奥さんは「そんなことどうだっていいのよ。外に出れば思い付くから」と背中を押し続けました。

実際、奥さんは「ちょっと出てくる」と言って家を出たきり3、4時間帰ってこないことがざらにあります。

「あなたも『ちょっと出てくる』でいいの」と何度も言われて、男性は渋々「ちょっと出てくる」と呟いて家を出たそうです。奥さんは「いってらっしゃい！」と朗らかに見送りました。

数日もすると、男性は毎日、「ちょっと出てくる」と言って外出し、機嫌良く帰ってくるようになりました。

「静かでいい喫茶店を見つけたよ」とか「思いがけない場所に古本屋があったんだ」、「犬の散歩をしている少年と仲良くなってね」といろいろな出来事を話してくれます。徐々に同年輩の知り合いもできたようで、「今日は居酒屋で集まるから晩ご飯はいらないよ」と楽しそうに出かけることもあるそうです。

とにかく外に出れば楽しいことが浮かんでくる

この話には私もとても共感しました。

私は自宅で仕事をすることが多いのですが、やる気が湧かないときや集中できないときは気晴らしのつもりで外に出ます。目的があるわけではありませんし、元々飽きっぽい性格ですから日課や習慣にしているわけでもありません。

それでも、**外に出るといろいろなことに気が付いたり思い付いたりする**のは本当です。旅行代理店のパンフレットやポスターが目に入って、「ハワイや南の国で数日のんびりするとリフレッシュできそうだな」と思ったり、散歩中の犬を見て「柴犬ぐらいならわが家でも飼えそうだな」と空想したりします。

外の世界に少し触れただけでも、いろいろな計画が浮かんで、何だかウキウキして機嫌良く帰宅できます。思い付いたことを妻に相談してみるだけで夫婦の会話も弾んできます。

夫婦は「つかず離れず」でいい

自分には外にも居場所がある。

それも、家とは全く別の、変化に富んだ楽しい場所だ。

そのことに気が付いただけでも夫婦の風通しはずいぶん良くなるでしょう。

それぞれに居心地のいい場所をつくっておくだけで、お互いに束縛し合わず、自由を楽しむことができるからです。

私は、**60歳を過ぎたら夫婦はつかず離れずが理想の関係**だと思っています。

どれくらいの距離感にするかはそれぞれの夫婦次第です。とにかく「夫婦なんだから」

とか「別々なんて不自然」という今までの考え方だけはリセットしておきましょう。

人生の後半は、「自分たちなりの夫婦のあり方をつくってみよう」という気持ちにぜひ切り替えてください。きっとそこから、たくさんのいい思い出が生まれてくるはずです。

05 「歳をとるのも悪くない」と気が付くとき

高齢者施設に入っている90代のおばあさんから、「先生、歳をとるといろんなものが見えてくるんだね」と言われたことがあります。

視力も落ちてくるのに、一体どういうことかなと思って話を聞いてみました。

「若い頃は外を歩いても気が付かなかったことに、この歳になっていろいろ気が付くようになったの。道端の花や街路樹、飛んでいる蝶《ちょう》や鳥、雲の形とか、とにかく『おやまあ』とか『あれっ？』と思うことが多くなって面白いわ」と言うのです。

確かにその通りだと思います。

若い頃は用事や目的のために歩いていることが多かったでしょう。

でも、高齢になっての散歩は物事に追われず、頭の中を空っぽにして歩けます。

足取りもゆっくりしています。段差や迷子にならないようにということにも気を付けますから、足元や周囲の看板や目印などにも注意します。その結果、自然といろいろなものが目に入るのでしょう。

私自身、最近は外を歩くといろいろ気が付くようになりました。ビル街の谷間に沈んでいく夕日に「きれいだな」と感心したり、旅先では絵葉書のような風景の美しさに改めて感動したりすることもあります。

若い頃には慌ただしくて、どんなにきれいな風景でもしみじみ見入ることはあまりなかったのです。

そういう自分自身の変化に気が付くと嬉しくなります。

「歳のせいかな」と思っても、悪い気はしません。季節の変化に敏感になったり、美しい風景に出合って感動できるというのは単純に嬉しいことだし、少し大袈裟かもしれませんが、**自分の気持ちに余裕が生まれたような気がする**からです。

気持ちに余裕が生まれていることに気が付く

「近所なんか歩いてもしょうがない」

「暇な年寄りと思われたくない」

そんな気持ちがあったとしても、だまされたつもりでとにかく外に出てみましょう。

住み慣れた町、何度も通った道だとしても、気が付いていないことはたくさんあります。

60代になって社会的な重荷を下ろし、気持ちに余裕が生まれているあなたなら、思いがけない季節の変化や町並みの変化に気が付くはずです。

それが些細《ささい》なことでも、自分の気持ちに余裕が生まれてきた今だからこそ知ることができる変化だと気付けば、そこに大きな喜びがあるはずです。

ゆっくり老いていくそのリズムを知っておこう

私たちはある日突然、歳をとるわけではありません。

当たり前のことですが、**毎日、毎年、少しずつ歳をとっていきます。**

そしてそのことに気が付く人はあまりいません。

ほとんどの人が、ある時突然気付きます。できていたことができなくなったり、ちょっとした運動で疲れや痛みを感じたりすることがあるからです。


「ああ、自分は若いつもりだったけど、もういい歳なんだな」

老いを自覚すると「この先どうなるのだろう」と不安になり、慌ててストレッチを始めたり食事に気を遣ったりします。何となく焦ってしまうのです。

もはや日常生活の中に楽しみを見つけようとか、好きなことをやろうなんて気持ちにはなれません。不安と焦りだけが募ります。

そうなる前に外に出て、季節の変化や自分の気持ちの余裕に気が付いていれば、**もっと**

大らかな気持ちで老いに向き合えるでしょう。少しずつ老いていく中にも、楽しめるものや安心できるものが含まれていると分かってくるからです。

「老いるって、気持ちがくつろげるようになることなんだ」

ぜひ、いいリズムで歳をとっていきましょう。

06

楽しい体験が70代の若々しさをつくる

マインド・リセットのコツは、まず**行動を変える**ことです。

頭の中でいくら考え方を変えても、日常習慣や生活パターンが変わらない限り、なかなかマインド・リセットはできません。

そのためにまず、外に出ることから始めようとお勧めしました。でも少しややこしい問題が出てきます。というのは、60歳を過ぎる頃から男性（夫）と女性（妻）では外へ出ること、つまり社会とつながったり人間関係を広げていくことへの関心の度合いが異なってくるのです。

簡単に言えば、**女性は歳をとるほど外へ出ることに積極的になりますが、男性は逆に外への関心を失っていきます。**若い頃はアグレッシブに生きてきた男性が、定年を迎えると自宅に閉じこもるようになるのが良い例です。

女性は自由な時間が増えた分、どんどん外に出ていきます。友人グループと旅行に出かけたりサークルをつくって趣味を楽しんだり、地域の活動にも積極的に参加するようになります。家の中より外に関心が向かうのです。

この違いは性ホルモンの分泌が中年期以降、男女で変わってくることが一因です。社交性や外向性を生み出す男性ホルモンの分泌が50代頃から男性でははっきりと減少するのに、女性の場合は逆に増えてくるのです。

年齢とともに男性は男性ホルモン、女性は女性ホルモンの分泌が減ってくるとしたら、老いてしまうと男性も女性も枯れたようになってしまうはずです。

でも現実は違います。70代、80代になっても若々しい男性や女性はいくらでもいます。「私と同じくらいの歳のはずなのだけど、なぜあの人はあんなに元気で溌剌《はつらつ》としているんだろう」と思わせる人が確かにいるのです。

その理由も、脳やホルモンの働きからだんだん分かってきました。

感情を揺り動かされると生きるのが楽しくなってくる

これまでは男性ホルモンは精巣、女性ホルモンは卵巣で作られ、それが血液によって脳に運ばれていると思われていました。しかし近年、脳の中の海馬という場所でも独自に合成されていることが分かってきました。しかも血液で運ばれるものより濃度が10倍も高いのです。脳の中で合成されるホルモンなら、脳にダイレクトに影響を与えるでしょう。

では海馬とはどんな器官なのか？

海馬は私たちの記憶をつかさどる器官ですが、もう一つ、感情とも深く関わっています。強い感情、例えば大きな喜びや怒りの感情が生まれると海馬は活性化されます。私たちが喜びや怒りを伴った出来事をいつまでも忘れないのは、そのせいです。

怒りや悲しみはない方がいいでしょうが、喜びや幸福感は大切です。それを体験することで海馬が活性化され、性ホルモンの分泌が促されて若々しくなるとすれば、**生きることそのものが楽しくなりそう**ですね。

いくつになっても恋をしている男女が若々しくて楽しそうなのは、そういう理由があるのです。

快体験は外にも内にもつくり出すことができる

外に出て人と会っておしゃべりしたりおいしいものを食べたりする。旅をしたり、何かを勉強したり——、初めての体験に挑戦するときめきはすべて快体験です。気持ちいい汗をかいて冷たい水を飲むことだって立派な快体験です。

快体験の積み重ねが私たちを若々しくさせたり意欲や好奇心を膨らませたりしてくれれ

ば、そこからさらに快体験が生まれます。

自分の家や部屋が居心地のいい場所になれば、外に出なくても快体験は味わえます。一人で趣味の世界に没頭している時間が一番好きだという人もいるでしょう。でも、同じような趣味の人と語り合えたらもっと楽しさは膨らむと思いませんか。

まず自分が心地よく生きること、それが幸福感への第一歩です。

07 あなたも仲間もみんな老いていく

海馬は強い感情が生まれたときに活性化するので、怒りや悔しさといった**マイナス感情を伴う体験もいつまでも記憶に残ります。**

これはとても重要なことです。

せっかく快体験を求めても、そこでマイナス感情が湧き起こってしまうと、いつまでも「嫌な思い出」「不幸な思い出」として記憶されてしまうからです。

せっかく人生の後半にいい思い出を残そうと自分の快体験を求めたのに、それが悪い思い出になってしまったらもう、外出や人付き合いも避けるようになってしまいます。

そこでぜひ、マインド・リセットしてください。

60歳を過ぎたらもう、他人と競い合ったり争ったりしないこと。これだけは心に留めておきましょう。

若い頃でしたら切磋琢磨もいいでしょう。お互いが伸び盛りですから、競い合うことでどんどん高いレベルに上がることができます。職場やチームのライバル、あるいはメンバー同士で競い合うことで、そのチーム全体のレベルも上がり、そこで喜びを分かち合うことができました。

でも60代、70代と年齢を重ねていくと、次第に心身が衰えてきます。**あなただけでなく、ライバルも仲間もみんな老いていく**のが現実です。

老いて競い合うのはフェアではない

老いとは個人差が大きいものです。本人同士の個人差だけでなく、それぞれの配偶者や親の老いにも違いが出てきます。

そういった事情を無視して**ただ競い合うというのは、フェアではありません。**

少しシビアな言い方になりますが、私は歳をとるということは同世代に障がい者が増えてくることだと思っています。

60代ではまだそれほどでもありませんが、70歳を過ぎる頃からそのことに気が付きます。還暦の同窓会ではみんな元気だったのに、古希の同窓会となると歩行の不自由な人や長い入院生活で虚弱になった人、視覚や聴覚、会話が不自由な人が現れます。車椅子を利用する人や療養中で参加できない人も出てきます。

そういう状況で競い合うのはとても愚かなことでしょう。

趣味や習い事、勉強会でも、仲間同士みんながそれぞれに楽しみ、助け合ったり励まし合ったりの関係でいいはずです。みんなより下手でも上達が遅くても、**「一緒にやると楽しいし元気が出るね」という雰囲気こそが大事**になってきます。

もし、「この人に負けたくない」とか「リーダーは私だ」といった、競い合う気持ちが生まれてしまうとどうなるでしょうか。

自分も老いて、若い頃のようにはいかないことが増えています。そのことに気付かずただ頑張っても、うまくいかない自分に腹を立てたり悔しさに包まれたりすることになります。

これではいい思い出が残りません。

外に居心地のいい場所ができたら、そこでは競い合う気持ちを持たない。これも大切なマインド・リセットです。

幸せな時間が幸せな思い出になる

歳をとって一番大事なのは、**自分が楽しむこと**です。他人と比べないで自分が楽しいと思うことを、楽しい場所や人間関係の中で続けていくことです。

幸せな老いを感じさせる人は、何をやっても自分が一番楽しんでいます。うまくできないことがあっても「ほんと、ぶきっちょだねえ」と自分を笑っています。できなかったことができるようになると、「あら、私もたいしたものね」と嬉しそうです。そういう人の周囲に、いつも笑顔が集まってきます。

これは**その人の周りに幸せな時間が流れている**ということです。

競い合いなんかしなくても、みんなでゆっくり前に進むことはできるのです。

08

「頑張らなくちゃ」もやめる、できたことを喜ぶ

一人の世界を楽しむときも同じです。

自分が好きなことに夢中になれるのは幸せな時間ですが、そこで「頑張らなくちゃ」という気持ちになってしまうと、できなかったことばかり気になります。

「今日はキッチンの模様替えをするつもりだったけれど、やり残したことがまだまだある」そう思ってしまうと、満足感は生まれてきません。

好きな手芸でも読書でもそうです。「ここまで終わらせよう」と思っても根気が続かなかったり、雑用に振り回されたりして途中で終わってしまうことは珍しくありません。70代、80代とだんだん歳を重ねていけば、そういうことはいくらでもあります。

ここでもマインド・リセットが大事になります。

できなかったことに不満を持つのではなく、できたことを喜ぶ。

これは万事に当てはまる、とても大事で基本的なことです。

歳をとったらもうノルマなんか気にしなくていいからです。

やってみたいことを目標にして、それを楽しみながら実行する。やってみたいことに挑戦するというそれだけで十分に楽しむことはできます。

その幸福感に満たされたなら、あなたはすでに目標を達成したのです。

幸せな時間を満喫できたらもう十分です

やり残したことがあると、「根気が続かなくなった」とか「まだそんな歳でもないのに」と自分を情けなく感じてしまいます。

でも、「満足したから区切りにしよう」と考えるととても気が楽になります。

頑張りが足りないからやり残しができたのではなく、夢中で取り組んで楽しい時間を過ごしたから今日はもう十分に幸せだったと考えましょう。やり残し部分は「明日の楽しみに取っておこう」でいいのです。

長く高齢者と向き合ってきた私の実感として、老いてくると私たちは**本当にささやかなことで幸福感を持てる**ようになります。

若い頃は欲望も大きいしそれを叶えるために全力を尽くせますが、歳をとってくるとそうもいきません。

その代わり、**ささやかな努力で得られるささやかな満足感、それで十分に幸福を感じられるようになってきます。**

もちろん、今の60代、70代はまだまだアクティブに生きていくことができるし、やりたいことにはどんどん挑戦することができます。

ただ、日々の自分に不満を持ったり苛立《いらだ》ったりすると、だんだん感情もネガティブになってくるし、意欲や好奇心も失われてしまいます。

そうならないためにもまず、毎日の暮らしを**いい感情で満たすことが大事**になってくるはずです。**できないことより、できたことを数える**というのは、そのためのシンプルなルールなのです。

小さな目標をたくさんつくってみる

一年の終わりに翌年の目標を100個立てるという70代の男性がいます。その100個の一つ一つは本当に小さな目標だそうです。

読みたい本の名前を10冊くらい、履き替えたいスニーカーの色とメーカーを3つくらい、訪ねてみたい町や温泉の名前を3つくらい、覚えたい料理を2つくらい――そんな調子ですから「100個挙げるのが一番難しい目標」と笑っています。

そして一年の終わりには80から90の目標が達成できています。

「これで来年の目標を立てる意欲が湧いてくるんです」だそうです。
人生の後半戦は、こんな調子でいいような気がしています。

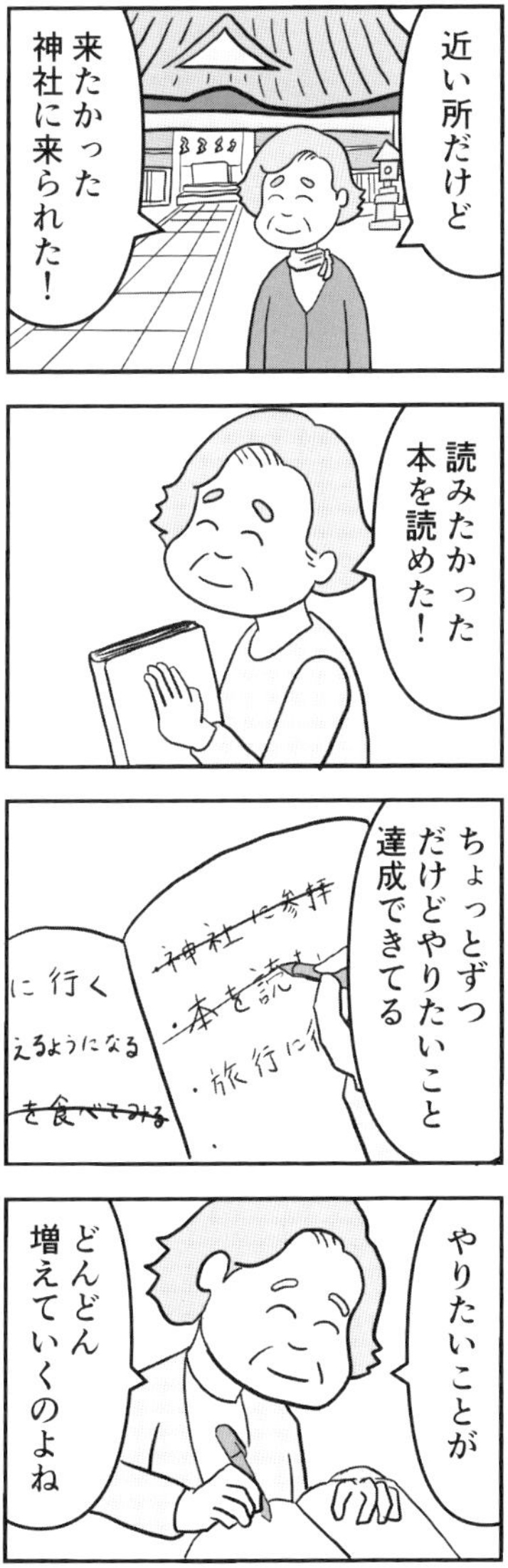

おわりに

本書に最後までお付き合いいただき、ありがとうございました。

お読みになって、私が一貫して「とにかく、やってみれば」というスタンスでいることに気付かれたと思います。

長年、高齢者を診てきて、その経験から偉そうなことを書いているわけですが、本音をいうと高齢者というのは本当に分からないものだということです。

タバコをスパスパ吸って100歳まで生きる人もいれば、徹底して身体に気を遣っていたのに、早く亡くなる人もいます。我慢することがストレスになり、免疫機能が落ちてが んで亡くなるのなら、何となく納得できますが、心筋梗塞で亡くなる人もいるのです。

そうするうちに、あれこれと頭の中で悩んでいるより、やってみないと答えが出ないということに気付きました。

例えば、うつ病の患者さんに薬を出すにしても、どれが効くか分からないので、一つ試してダメなら、別の薬を使えばいいと考えるようになったのです。

実は多くの高齢者を診ていて、太めの人、血圧が高めの人、血糖値が高めの人の方が元気だと気付きました。自分も高血圧と糖尿病を抱えているのですが、高めの値の方が調子がいいということもあって、薬をなるべく使わないことにしています。これでそのまま元気でいられるのか、早死にするか分かりませんが、自分の身体で実験をしているつもりです。

趣味にしても、グルメにしても、ファッションにしても、何がいいかは実際にやってみたり、食べてみたり、着てみたりしないと分からないのです。本来高齢になれば、人目を気にする必要はないのですが、仮に気になってしまう人でも、やってみないと相手がどう思うか分かりません。

歳をとって、時間だけは十分にあるはずです。

何も試さないでいるからつまらないし、変わり映えしない人生になってしまいます。

本書で書かれていることを全部やる必要はありませんが、試せるものから試してください。すると、これまでと違う体験ができるはずです。それが自分にとって幸福なら続ければいいし、違うのなら別のことを試せばいい。

そうしているうちに、きっとあなたに幸せを感じさせてくれるものや、満足させてくれるものに出合えるはずです。

ちょっとマインド・リセットして、幸せをつかんでもらえれば、著者として幸甚この上ありません。

和田秀樹

著者

和田秀樹　わだ ひでき

1960年大阪府生まれ。和田秀樹こころと体のクリニック院長。1985年東京大学医学部卒業後、東京大学医学部付属病院精神神経科助手、米国カール・メニンガー精神医学校国際フェローなどを経て、現職。老年精神科医として、30年以上にわたり、高齢者医療の現場に携わっている。著書は『80歳の壁』（幻冬舎）、『70歳が老化の分かれ道』（詩想社）、『不老脳』（新潮社）、『なぜか人生がうまくいく「明るい人」の科学』（クロスメディア・パブリッシング）など多数。

70歳からの人生を豊かにする

マインド・リセット　心が老いない生き方

著　者　和田秀樹

発行者　高橋秀雄

編集者　和田奈美子

発行所　**株式会社 高橋書店**

〒170-6014 東京都豊島区東池袋3-1-1 サンシャイン60 14階

電話　03-5957-7103

ISBN978-4-471-03267-8　

本書の内容についてのご質問は「書名、質問事項（ページ、内容）、お客様のご連絡先」を明記のうえ、郵送、FAX、ホームページお問い合わせフォームから小社へお送りください。
回答にはお時間をいただく場合がございます。また、電話によるお問い合わせ、本書の内容を超えたご質問にはお答えできませんので、ご了承ください。本書に関する正誤等の情報は、小社ホームページもご参照ください。

【内容についての問い合わせ先】

書　面　〒170-6014 東京都豊島区東池袋3-1-1 サンシャイン60 14階　高橋書店編集部

ＦＡＸ　03-5957-7079

メール　小社ホームページお問い合わせフォームから　（https://www.takahashishoten.co.jp/）

【不良品についての問い合わせ先】

ページの順序間違い・抜けなど物理的欠陥がございましたら、電話03-5957-7076へお問い合わせください。ただし、古書店等で購入・入手された商品の交換には一切応じられません。